SNS 선거전략

SNS 선거전략

초판 1쇄 | 2016년 3월 1일

지은이 | 최재용, 황치성, 변동헌, 양성길
펴낸곳 | **한국전자도서출판**
펴낸이 | 서동우

기획 | 한국소셜미디어진흥원 SNS선거전략연구소
편집 | 서동우
디자인 | 고민정

주소 | 경기도 구리시 건원대로 92, 114동 303호 한국전자도서출판(주)
홈페이지 | www.koreaebooks.com
팩스 | 0507-517-0001
E-mail | contact@koreaebooks.com
출판신청 | edit@koreaebooks.com
등록번호 | 출판등록 제2015-000004호

ISBN 979-11-86799-07-9 (13340)

한국전자도서출판은 **한국전자도서출판(주)**의 출판브랜드입니다.

SNS
선거전략

최재용, 황치성, 변동헌, 양성길 │ 공저

한국전자도서출판
Korea eBook Publishing Company

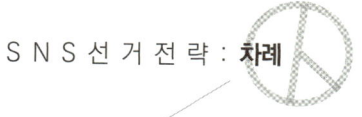

　SNS가 일반화되기 전, 선거 때만 되면 학교운동장에서 열린 입후보자들의 연설을 듣고, 박수치면서 호응하고, 선거일이 되면 주위 사람들에게 그 후보의 연설내용을 요약해서 들려주곤 했던 기억이 난다.

　하지만 SNS의 시대인 요즘에는 그런 운동장에서의 선거유세를 보기 힘들어졌다. 후보자들이 할 수 있는 선거운동이 출근길에 인사하기, 선거유세차량에서 음악과 함께 유세하기, 선거공보를 통한 자신 알리기 등이 고작이다. 문자메시지를 무분별하게 보내는 것도 바람직한 선거운동은 아니다.

　이 책에서는 국내 외 다수의 사례분석을 통해 유권자의 마음을 움직이는 최신 SNS 선거전략과 선거운동 방법에 대해 상세히 기술하였다.

　지난 서울시 교육감 선거에서 승리를 장담했던 모 후보가 딸이 올린 SNS 게시글 하나 때문에 낙선했던 사례를 기억하는 입후보자 여러분, 그리고 선거캠프에서 일하시는 분들이 필독하면 좋을 것이다.

SNS를 활용한 선거운동 관련 참고자료로, 국내 블로거 중 상위 70위에 드는 양성길 파워블로거의 'SNS 선거 10계명', 미디어리터러시 전문가인 황치성 박사의 명쾌한 분석, 소셜미디어마케팅 전문가 변동헌 박사의 'SNS 활용법', 그리고 국내뿐만 UN 및 월스트리트저널에서 초청 강연 및 토론을 하는 소셜미디어 전문가 한국소셜미디어진흥원 SNS선거전략연구소 최재용 원장의 '필승 SNS 선거전략'도 귀 기울일 만하다.

　　이 책을 출간하기 위해 힘써주신 한국전자도서출판 서동우 대표님과 직원분들에게 감사드리고, 모쪼록 이 책을 읽고 실천하여 선거후보자와 정당 관계자분들이 선거에서 승리하기를 기원한다.

2016. 2. 17
한국소셜미디어진흥원 SNS선거전략연구소
공동저자　운학 **최재용**

제 1장

선거에서 SNS의
의미와 영향

선거에서 SNS의 의미와 영향

'당선가능성 2% 후보, 불과 석 달 만에 59%의 득표율로 승리'

2015년 9월 13일자 영국 주요 일간지들이 하나같이 1면 톱으로 뽑은 기사의 내용이다. 영화에서나 나올 법한 이 이야기의 주인공은 다름 아닌 노동당 새 대표인 '제레미 코빈(Jeremy Corbyn)'이다.

사실 선거 초반만 해도 코빈의 당선을 예견한 사람은 아무도 없었다. 입후보 마감시간 10분 전까지만 해도 최소한의 동료의원 추천수를 채우지 못해 허덕댈 정도였고 심지어는 코빈의 최측근이 공식 도박장을 찾아가 20파운드를 걸고 코빈의 승률을 따져봤을 때도 100대 1에 그칠 정도였다.

그 밖에 일반적인 상식으로 따져봤을 때도 당 대표가 되기 어려운 이유는 많았다. 30여 년에 걸쳐 8선의 의원직을 역임했지만 내각 각료는 물론 그림자 내각에도 한 번 들어간 적이 없는 비주류 중의 비주류였다. 낡은 좌파로 분류되는 코빈은 노동당

집권 시절 당이 중요한 결정을 내릴 때마다 매번 반대표를 던져 노동당 내에서도 경계대상 1호였다. 이 때문에 선거 초반인 2015년 8월 초에 2%의 당선가능성이 나온 것도 어쩌면 신기할 정도였다.

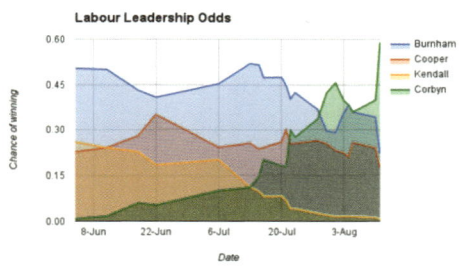

[그래프 1] 2015년 선거에서 영국 노동당 대표 후보들의 당선가능성 변화 추이

1~2%의 실낱같은 가능성을 100%로 바꾼 이 기적의 원천은 바로 소셜미디어(Social Media, SNS)였다. 코빈은 기존 후보들의 정교하고 잘 짜여진 선거운동 패턴을 깡그리 무시했다. 체계적인 각본에 따라 움직이는 연단연설과 공식행사, 메이저 언론의 보도시간대에 맞춘 연설, 위기대응팀 운영 등은 코빈과 거리가 멀었다. 그가 가진 유일한 무기는 시간이 가면서 늘어나는 자원봉사자들과 소셜미디어 활동이었다. 선거가 끝난 후 한 인터뷰에

서 코빈은 선거에서 소셜미디어의 의미를 이렇게 설명했다.[1]

"노동당 의원들 중에도 유권자들과 괴리되어 있는 경우가 많았다. 2020 총선에서는 소셜미디어가 매우 큰 역할을 할 것으로 생각한다. 현재 정치가 이루어지는 모습은 현실과 상당한 괴리가 있다. 의원들을 격리되어 있어 현실을 잘 모른다. 신문과 방송의 데스크들은 현장에서 어떤 일이 벌어지고 있는지를 더더욱 모른다. 이제 대다수의 사람들은 신문을 사지 않는다. 그들은 온라인으로 조금 읽고 온라인 뉴스 맞춤 서비스로 조금 더 읽는다. 그래서 우리는 완전히 다른 방법으로 유권자에게 접근해야 한다. 나의 선거운동은 소셜미디어를 중심으로 이루어졌다. 나의 트위터는 10만 4,000의 팔로워가 있고 페이스북에는 12만 4,000개의 '좋아요'가 있다. 이런 소셜미디어의 반향은 실로 엄청난 것이었다. (중략)"

SNS의 의미와 그 영향에 대한 별도의 언급이 필요 없을 정도로 우리의 일상에 깊숙이 자리잡고 있다. '개방', '공유', '참여'를 특징으로 하는 SNS는 사회 각 분야에서 새로운 트렌드와 상호작용 방식을 만들어 냈다. 네티즌들은 SNS를 통해 친구나 유명인사들과 다양한 커뮤니케이션을 하고 있을 뿐만 아니라 특정의 관심이나 활동을 공유하는 사람들 사이의 관계망을 넓혀 가고 있다. 정부기관이나 지자체들도 여론을 수렴하고 새로운 정책을 홍보하고 여론을 수렴하는 데 SNS를 적극 활용하고 있다. 기업 역시 고객들의 욕구를 파악하고 자사의 제품을 홍보하거나 고객 친화적 기업이미지를 구축하는 채널로 널리 활용하고 있다.

이런 현상은 SNS 이용 현황에 대한 통계에서 잘 드러난다. DMC미디어가 발표한 자료에 의하면 우리나라의 경우 만 19세 이상 59세 이하의 소셜미디어 사용경험이 있는 인터넷 이용자의 59.8%가 페이스북을 이용하고 있는 것으로 나타났다.[2] 페이스북은 지난해에 이어 1위를 차지했지만, 전년대비 응답률이 4.7% 포인트 하락했다. 페이스북에 이어 카카오스토리를 사용하는 응답자는 17.1%, 인스타그램 10.3%, 밴드 8.2%, 트위터 2.4% 순이었다.

한편 성별, 연령, 직업군 등 인구학적 속성에 따라 소셜미디어 이용 패턴은 차이를 보였다. 우선 남녀 모두 페이스북 이용이 가장 높은 가운데, 남성의 경우 페이스북 이용률이 67.5%로 전체 응답자 평균보다 높았다. 여성은 상대적으로 카카오스토리 (22.7%)와 인스타그램(14.9%) 사용이 활발한 것으로 조사됐다.

연령대별 차이도 두드러졌다. 연령대가 낮을수록 페이스북을, 연령대가 높을수록 카카오스토리를 주로 이용하는 경향을 보였다. 20대의 경우 페이스북을 이용한다는 응답이 71.1%이나 카카오스토리를 이용하는 응답자는 2.1%에 그쳤다. 인스타그램 이용율은 20대와 30대에서 각각 17.2%, 20.6%로 높은 반면 카카오스토리는 40대(24.3%)와 50대(34.1%)에서 인기가 많았다.

소셜미디어 이용 행태는 직업군에 따라서도 대비가 뚜렷했다. 화이트칼라와 대학생은 페이스북과 인스타그램을, 전업주부는 카카오스토리와 밴드 이용이 상대적으로 높았다. 미혼이나 1인 가

구의 경우 인스타그램 사용이 18.1%와 25.5%로 페이스북 다음으로 가장 높은 반면 기혼자는 카카오스토리(26.2%)와 밴드(11.6%)를 주로 사용했다.

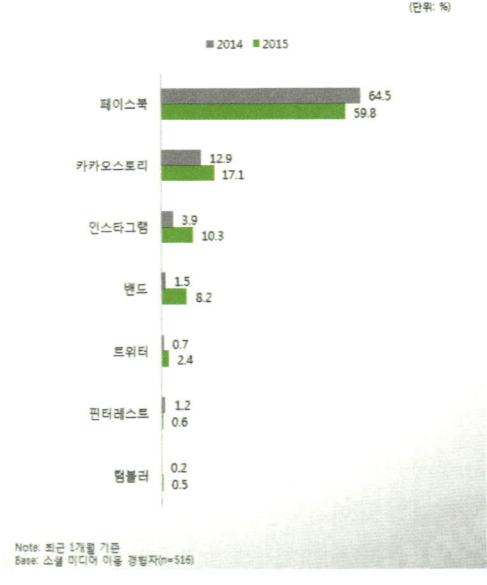

[그래프 2] 국내 인터넷 이용자들의 SNS 이용현황

SNS는 특히 정치권에도 다양하고 새로운 풍속을 만들었다. 대표적인 것이 미국 대통령 버럭 오바마 사례다. 2008년 미국 대선에서 오바마 캠프는 당시 유력한 경쟁 후보였던 힐러리 클린턴 후보에 비해 지명도, 선거자금 등 여러 면에서 불리한 여건이었는데도 불구하고 SNS를 활용하여 상황을 역전시켰다. 그런가하면 2010년 영국의 총선에서는 보수당과 노동당을 포함한 모든 정당이 트위터 등 SNS를 적극 활용하면서 본격적인 디지털 선거의 시작을 알렸다. 2008년 미국의 대선 이후 각광받은 SNS는, 세계 각국의 선거에 지대한 영향을 미치면서 선거의 새로운 변수로 각광받게 되었다. SNS는 국민과 정치인 사이의 '두터운 벽'을 무너뜨리고 국민들이 직접 정치권에 영향을 미칠 수 있는 언로를 열어주었다.

소셜미디어는 특히 정치인과 정당조직이 필터링 없이 사람들과 직접적으로 연결될 수 있는 기회를 제공했다. 미국의 소셜미디어 마케팅 전문가인 니콜 켈리는 선거에서 소셜미디어의 최대 장점은 후보와 유권자 간에 면대면에 가까운 대화를 할 수 있는 점이라고 강조했다.[3] 정치인의 입장에서 보면 유권자에게 보다 친밀하고 가깝게 다가갈 수 있는 계기를 제공한 점이다. 따라서 이와 같은 특성은 군소정당이나 그 소속 정치인이 보다 많은 유권자들에게 지지를 호소할 수 있는 기회를 제공했다.

[그림 1] 베페 그릴로 블로그 초기화면

이탈리아의 코미디언 출신인 베페 그릴로(Beppe Grillo)가 2013년 총선에서 오성운동[1])을 통해 일약, 제 3당으로 부상한 것도 소셜미디어 덕분이다. 이탈리아의 언론이 언론재벌이자 현직 총리인 베를루스코니에게 장악된 상태에서 그릴로는 블로그를 통해 현실정치와 총리를 비판하면서 정계에 입문했다. 베페 그릴로는 자신의 블로그가 유명해지자 독자들에게 각 지역에서 모여 더 나은 세상을 위한 아이디어를 나누자고 제안했고, 그 결과 온라인 모임 플랫폼인 밋업(Meetups)을 통해 2년 만에 전국

---

1) '오성운동(Movimento 5 Stelle ; M5S)'은 중앙당사나 다선의원도 없이 인터넷과 SNS를 기반으로 반제도권, 반부패, 시민 참여의 직접민주주의를 주장하며 일어선 정치세력으로 오성은 일종의 공약인 '공공수도', '지속가능한 교통수단', '지속가능한 개발', '인터넷 접속권리', '생태주의'를 말한다.

각지에서 650여 개의 모임이 조직되는 돌풍을 일으켰다.⁴⁾ 단기간에 전국적인 조직이라고 할 만큼 규모가 커진 것이다.

[그림 2] 작가 이외수가 트위터에 올린 6월 2일 지방선거 투표 인증샷

한국에서 소셜미디어가 선거에 본격적으로 주목받게 된 시기는 2010년에 6월 2일에 실시된 지방선거라고 할 수 있다. 당시에 가장 많이 활용된 SNS 채널은 트위터였으며 유명인들이 트위터를 통한 인증샷의 공유활동은 선거에 무관심했던 젊은층의 행동을 이끌어내는 데 큰 역할을 했다. 특히 여기에서 중요한 것은 트위터의 역할이라고 할 수 있다. 트위터는 말 그대로 정보의 전달과 공유라는 특징을 가지고 있지만, 선거에 무관심했던 젊은층의 투표 참여라는 행동상의 변화까지 이끌어냈다. 정치학 용어로 말하면 정치적 효능감을 촉발시킨 것이라 할 수 있다. 이러한

요인으로 인해 선거에서 소셜미디어의 중요성이 크게 부각되기도 했다.

국내외의 많은 선거에서 SNS의 효과가 알려지면서 많은 후보들이 다양한 SNS 채널을 개설하고 선거운동을 하고 있다. 소셜미디어가 진화를 거듭하면서 국회의원 후보들의 선거운동 양상도 크게 달라지고 있다. 그간의 선거운동 양상이었던 지역구 주민들을 직접 찾아다니거나 출판기념회 등을 통해 정치후원금을 모금하던 관행도 점차 줄어들고 있다. 그 대신 SNS를 통해 책 구입을 안내하거나 책 소개 형식의 북콘서트 행사로 대체하는 모습을 보이고 있다.

그러나 여전히 대부분의 정치인이나 후보들이 SNS의 진정한 의미를 이해하지 못하고 자신을 알리는 일방적인 홍보수단으로 제한적인 활용을 하고 있다. 선거에 뛰어든 후보의 입장에서 SNS로 선거 활동을 하는 목적은 선거에서 승리하는 것이겠지만[5], 단순하게 선거 승리를 위한 목적만으로 SNS를 활용할 경우 실패할 가능성도 높다. 기본적으로 진정성이 없고 공감대가 형성되지 않으면 오히려 역효과를 낼 수 있기 때문이다.

소셜미디어 역시 미디어의 한 유형이라고 할 때 미디어를 가장 잘 활용한 원조는 존. F. 케네디 대통령이었다. 존. F. 케네디 대통령은 미국 역사상 처음으로 텔레비전으로 생중계된 TV 토론에서 미 공화당 후보이자 현직 대통령이었던 닉슨 대통령을 압도했다. 그러나 라디오에서는 닉슨 후보가 압도적이었다. 당시 케네디 후보가 사용한 무기는 메이크업과 미소였다. 이러한 케네디의 비밀병기는 선거가 끝날 때까지 지속되었으며 결국 승리로 이어졌다. Echo의 전략 담당인 크리스 사드(Chris Saad)는 그 이유를 한 마디로 케네디 후보는 TV의 언어를 이해했기 때문인 것으로 분석했다.6)

[그림 3] 1960년 9월 26일 개최된 첫 번째 TV 토론에서
케네디 후보와 닉슨 후보가 악수하는 모습

1960년대에 케네디 대통령이 TV라는 신개념의 도구를 사용해 대통령에 당선됐다면, 이제는 온라인 네트워크라는 신무기가 또 다른 세상을 열어가는 시대이다. 시대 환경에 맞추어 미디어의 언어를 잘 이해하고 가장 잘 활용한 정치인은 미국의 버락 오바마 대통령이다. 오바마 대통령이 소셜미디어를 통해 성공한 사례의 핵심은 새로운 미디어의 언어에 대한 이해였다. 오늘날 많은

선거 후보들이 소셜미디어 채널들을 운영하고 또 활용하고 있지만 그 속에 내포된 미디어 언어를 이해하는 사람은 많지 않다.

오바마는 2007년과 2008년에 자신이 몸담고 있던 '마이스페이스'라는 웹사이트와 MTV와 공동으로 '대선 후보와의 토론회'를 열었다. 그의 말에 따르면 당초 이 행사는 대선 후보의 유권자를 향한 일방적 연설을 타운홀 미팅(입후보자가 지역주민들을 초청해 의견을 듣는 행사)식으로 꾸며 보자는 아이디어에서 시작됐다고 한다. 그는 대학 캠퍼스에서 행사를 열고, 이것을 TV와 인터넷으로 생방송 중계를 했다. 후보자의 발언에 대한 유권자들의 반응이 실시간으로 인터넷에 전해졌다.

[그림 4] 버락 오바마 대통령이 2011년 9월 26일 링크드인 최고경영자인 제프 웨이너의 사회로 '가상타운홀 미팅'을 갖고 있다.

오바마는 선거가 끝난 후에 타운홀 미팅에 대해 다음과 같이 밝힌 바 있다.

"미국에서 처음으로 열린 쌍방향 타운홀 미팅이었습니다. 기존의 토론에 참여하는 대선 후보들은 가져온 자료를 보고 뻔한 얘기를 하기 마련인데 이 미팅은 달랐습니다. 후보자가 갖고 온 자료를 그냥 읽는다는 느낌이 들면 시청자들이 즉각 반응을 했고, 이 얘기가 후보들에게 전해져 제대로 된 답변을 하도록 유도했습니다. 당시 매케인 후보와 오바마 후보가 이런 식(式)의 토론을 적극 받아들였습니다. 두 후보 모두 당에서 지지율이 상당히 뒤지고 있었는데 이 토론회를 치른 이후에 지지율이 크게 올랐습니다. 특히 오바마 후보는 이 신기술을 적극적으로 활용했습니다. 대중은 스스로가 '나는 오바마의 친구다', '페이스북에서 친구를 맺고 있다'는 얘기들을 많이 했습니다. 유권자로서는 온라인상에서 친분을 맺음으로써 자신이 대선 후보와 굉장히 가깝다고 느낀 겁니다. 오바마 후보가 소셜네트워크를 잘 활용했고 그만큼 가장 큰 이익을 봤죠."

(중략)

"페이스북의 주 사용자가 40대(代) 이상의 여성이라고 합니다. 새로운 기술은 젊은 세대가 먼저 사용을 하고 부모 세대로 이동하는 것이 사실입니다. 하지만 현재 페이스북 사용자가 6억명에 달하는 만큼 소셜미디어는 삶의 일부가 됐습니다. 배우지 않고는 살아갈 수 없는 상황이기 때문에 기성세대에 급속하게 확대될 것으로 예상합니다. 무엇보다 소셜미디어의 골자는 유권자들과의 직접 소통입니다. 정치인으로서 유권자와 대면하든 온라인상에서든 직접 소통한다는 것 자체가 얼마나 중요한 일입니까."

선거를 준비하는 정치인 후보들에게 가장 중요한 관심사는 단연 이길 수 있는 가장 좋은 방법일 것이다. 이에 대한 답은 한마디로 '유권자 마음을 잡는 것'이다. 이럴 때 소셜미디어는 감성을 특징으로 하는 그 특성상 국민에게 가장 가깝게, 가장 살갑게 다가갈 수 있는 수단이다.

그러나 대다수의 정치인들의 소셜미디어의 언어를 잘 이해하지 못하고 있다. 즉 선거에 이기기 위하여 소셜미디어를 어떻게 사용하는지에 대해 잘 알지 못하고 있다. 대부분이 "나에게 투표해 주세요" 혹은 "나에게 기부해 주세요, 후원해 주세요" 같은 메시지를 일방적으로 보내고 있는 형국이다. 이러한 일방적 메시지로는 유권자의 마음을 잡을 수가 없다. 지갑 역시 열게 하기 어렵다.

온라인상에서 호감을 이끌어내는 데 중요한 요소가 있는데, 심리학적 표현을 빌어 설명한다면 바로 '유사성과 근접성'이다. 네티즌의 입장에서 유사성은 나와 정치인 간에 뭔가 공통점이 있고 통할 것 같다고 생각하는 경향을 말한다. 근접성은 언제든 만날 수 있다고 생각하는 성향을 말한다. 이는 페이스북에서 친구관계를 맺는 데 핵심요소로 작용한다. 따라서 정치인의 페이스북은 엄숙하고 위압을 주는 집무실이나 치열한 논쟁을 벌이는 회의장이 아니라 일종의 사랑방이어야 한다. 즉 논리적이고 규격화된 장소가 아니라 감성적이고 친구처럼 친근감 있는 공간이어야 한다. 이렇게 규정해 보면 소셜미디어 공간에 담아야 할 내용도 명확해진다. 푸근한 모습의 이웃집 아저씨, 가정에서의 친근감 있는 모습, 그리고 무슨 얘기를 하더라도 잘 들어줄 것 같은 포용감, 인간적인 면모, 편안함 등등이다.

이러한 전제 속에서 정책적인 측면은 진정성과 신뢰라는 하나의 틀로 묶어주어야 한다. 즉 정책을 도외시하라는 것이 아니라 정책은 다른 공간에서(이를테면 오프라인 미디어나 공식화된 장소) 다루되 그러한 정책들을 신뢰성 있게 추진할 것이라는 점을 다른 채널을 통해 보여주라는 것이고, 그러한 세부적인 정책을 하나하나로 생각하는 것이 아니라 '나를 선택한다면 그러한 정책은 흔들림 없이 추진할 것'이라는 이미지를 심어 주는 것이 필요하다는 의미이다.

제 2장

20대 총선 후보들의
SNS 이용현황

20대 총선 후보들의 SNS 이용현황

20대 총선이 다가오면서 후보들의 SNS에 대한 관심이 뜨거워지고 있다. 2010년 6월 2일에 실시된 지방선거에서 트위터의 위력이 확인된 이후 총선, 대선 등 다양한 선거를 거치면서 SNS의 영향력이 날로 커지고 있기 때문이다. 뿐만 아니라 2008년과 2012년의 미국 대선, 그리고 2015년의 영국 총선 등 해외 각국의 선거에서 드러나고 있는 SNS 돌풍은 이런 관심을 더욱 부추기고 있다.

이를 반영하듯 우리나라 정치인들의 SNS 이용비율은 매우 높게 나타나고 있다. 2013년 국회 입법조사처가 조사한 자료에 의하면 19대 국회의원들은 10명 중 9명꼴로, 트위터(266명)와 페이스북(255명)을 사용하고 있고 블로그 등 다른 SNS 채널도 자주 활용하고 있다.[7] 이와 같은 정황들을 볼 때 20대 총선에서 SNS 활용은 더욱 활발해질 것으로 예측할 수 있지만 '과연 SNS의 의미와 특성에 맞게 잘 활용하고 있는가'에 대해서는 여러 가지 의문이 제기되고 있다. 이런 배경에서 20대 총선 예비후보들은 어떤 SNS 채널을 어느 정도 이용하고 있으며 특히 후보들이 사용하고 있는 페이스북 콘텐츠의 내용과 인터렉션(상호작용)에 대한 분석을 통해 실제의 용례를 개괄적으로 알아보고자 했다.

　여기에서 분석대상을 페이스북으로 선정한 것은 페이스북이 우리나라 인터넷 이용자들이 가장 많이 사용하는 SNS 채널이다. DMC미디어가 2015년 말에 발표한 자료에 의하면 만 19세 이상 59 이하 인터넷 이용자의 59.8%가 페이스북을 이용해서 다양한 소통을 하고 있는 것으로 나타났다.[8] 2위인 카카오스토리(17.1%)에 비해 세 배가 넘는 수치이다. 20대 총선에 출마를 준비하고 있는 후보들의 이러한 근거를 바탕으로 페이스북을 더 적극적으로 활용할 것으로 예측된다.

　또 다른 이유는 선거운동 채널로서 페이스북의 기능적 특성 때문이다. 20대 총선 예비후보들의 공식 홈페이지를 포함해서 블로그, 트위터 등 다양한 SNS 채널을 활용할 것으로 예상되고 있다. 그러나 이러한 채널들은 장점도 많지만 나름의 약점을 갖고 있는 것이 사실이다. 예를들면 홈페이지는 자유롭게 연출은 가능하지만, 방문자의 액션을 얻어내기 힘들고 방문자와 연결고리를 만드는 것이 쉽지 않다. 블로그의 경우 포털에 노출돼서 트래픽을 유발할 수 있지만, 지속적인 소통에는 한계가 있다. 또 트위터는 빠른 전달력이 강점이지만, 의미 있는 콘텐츠를 담아내는 데 한계가 있다. 유튜브는 동영상을 담아내는 훌륭한 채널이지만, 자체적인 홍보력에는 한계가 있다.

이에 비해 페이스북은 이미지는 물론 동영상까지 포함한 멀티미디어를 소화할 수 있으며 텍스트 분량의 제한을 받는 트위터와 달리 많은 양의 텍스트도 수용할 수 있다. 도한 페이스북은 이용자층의 인구학적 속성에 있어서 뚜렷한 차이를 갖고 있기 때문에 연령별 혹은 성별 맞춤화된 타깃팅이 가능하다. 이와 함께 다양한 인터렉션을 통해 유권자들의 반응을 체크하고 향후 선거운동에 반영할 수 있다. 이런 속성을 갖고 있기 때문에 페이스북 등 소셜미디어를 통해 정치인이나 정당에 접촉하는 비율이 크게 늘고 있다.

이를 기초로 2016년 1월 29일까지 중앙선거관리위원회 홈페이지에 등재된 예비후보 1,196명의 SNS 채널을 분석했다. 분석 대상으로 삼은 콘텐츠 요소들은 페이스북의 커버 사진에서 강조하고 있는 메시지와 복장, 페이스북 친구 수, 그리고 후보와 유권자의 소통지수로서 '좋아요', '공유', '댓글' 수 등이다.

예비후보들이 이용하는 SNS 채널 수

　20대 총선 예비후보들은 평균 1.8개의 SNS 채널을 가지고 있으며 3명 중 2명(66.8%)이 최소 1개 이상의 SNS 채널을 활용했다. 그러나 3명 중 1명(33.2%)은 SNS를 전혀 활용하지 않았다. SNS 채널을 활용하고 있는 후보들 중에서는 3개의 SNS를 사용하는 예비후보가 24.2%로 가장 많았으며 그 뒤를 이어 2개를 활용하는 후보가 18.2%, 4개를 활용하는 후보가 11.5% 등의 순으로 나타났다. 그밖에 5개 2.8%, 6개 0.4% 등 5개 이상의 SNS를 사용하는 예비후보는 모두 3.2%였다.

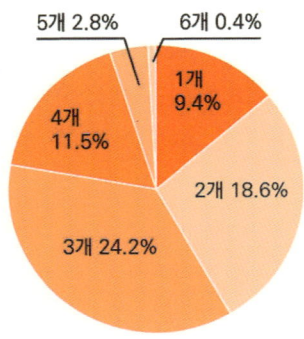

[그래프 3] 20대 총선 예비후보들의 SNS 이용 갯수

예비후보들이 선거권역별 SNS채널 이용 차이

	서울	경기권	충청권	영남권	호남권	계
1개	9.4	10.2	11.8	6.3	11.3	112
2개	18.0	19.8	20.5	16.0	19.7	222
3개	30.6	22.5	20.5	25.7	16.9	289
4개	9.4	15.0	7.1	11.0	11.3	138
5개	5.1	2.1	0.8	2.7	2.1	33
6개		0.3		1.3		5
미사용자	27.4	30.0	38.6	37.0	38.7	397
	100.0 (255)	100.0 (373)	100.0 (127)	100.0 300	100.0 142	100.0 (1,196)

[표 1] 후보들의 선거권역별 SNS 채널 이용 수 (단위 : %, ( )는 사례 수)

전체 예비후보들의 SNS 이용 수에 이어 예비후보들이 속한 지역2)과 연령에 따라 어떤 차이가 있는지 알아본 결과, 서울에서 출마를 준비 중인 예비후보들은 다른 지역 후보들에 비해 3개의 SNS를 사용하는 비율(30.6%)이 상대적으로 높았다. 경기권의 예비후보들은 4개의 SNS를 이용하는 비율(15.0%)이 다른 지

---

2) 지역 구분은 서울 외에 인천, 경기, 강원은 '경기권'으로 대전, 대전, 충남북, 세종특별자치시는 '충청권'으로 부산, 대구, 울산, 경남북은 '영남권'으로 광주, 전남북, 제주는 '호남권'으로 재분류했다.

역보다 높았으며 충청권은 2개의 SNS를 사용하는 비율(20.5%)이 상대적으로 높았다. 호남권의 경우 SNS를 전혀 사용하지 않는 비율(38.7%)이 높은 편이었다.

20대 총선 후보들이 활용하는 SNS 채널 유형

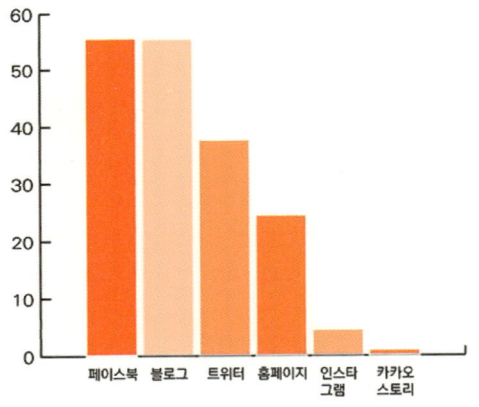

[그래프 4] 20대 총선 후보들이 활용하는 SNS 채널 유형 (중복응답가능, 단위 : %)

소셜미디어 활용유형으로 볼 때 20대 총선 예비후보들이 가장 많이 사용하는 채널은 페이스북과 블로그로, 전체 예비후보의 55.5%와 55.4%가 각각 사용했다. 이어서 많이 사용하는 SNS는 트위터 37.5%, 홈페이지 24.4%, 인스타그램 4.5% 등이었다.

후보들의 연령별 SNS 채널 활용 현황

예비후보들이 사용하는 SNS 채널 유형을 연령별로 나누어 살펴보면 39세 이하의 후보들은 거의 대다수인 96.3%가 페이스북을 사용했고 인스타그램도 18.5%로 다른 연령층보다 많이 활용했다. 40대(84.3%)와 50대(84.1%) 예비후보들은 다른 연령층에 비해 블로그를 상대적으로 더 많이 활용했다. 60세 이상의 후보들은 홈페이지를 활용하는 비율(42.1%)이 타 후보들보다 높았다.

	39세 이하	40대	50대	60세 이상	사례수
페이스북	96.3	81.3	83.0	82.0	664
블로그	74.1	84.3	84.1	79.2	663
트위터	44.4	54.4	54.4	63.5	449
홈페이지	37.0	26.7	36.5	42.1	292
인스타그램	18.5	6.3	7.1	4.5	54
카카오스토리		1.9	1.4	1.1	11
사례수	27	160	436	178	801

[표 2] 후보들의 연령별 SNS 채널 활용 현황 (중복응답, 단위 : %)

페이스북 이용 예비후보들의 커버사진 메시지 컨셉 분석

이어서 페이스북을 이용하는 예비후보들만을 선정해서 커버사진에서 어떤 메시지 컨셉을 강조하는지 알아보았다.3)

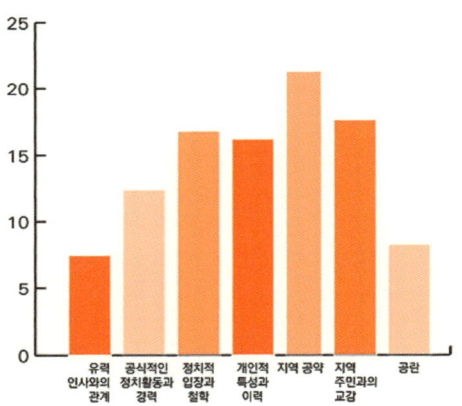

[그래프 5] 페이스북의 커버사진에서 강조하는 메시지

가장 많이 사용하는 메시지 컨셉은 출마지역의 공약에 관한

---

3) 유력인사와의 관계는 전현직 대통령을 비롯, 유력 대선후보 등과의 관계를 전면에 내세우고 있는 커버사진을 포함하며 공식적인 정치활동과 경력은 정치인, 전문직으로서의 공식활동과 경력, 전문성, 각종 연설과 행사활동 등의 내용을 포함한다. 정치적 입장과 철학은 후보의 정치적 소신과 철학, 사회 현안에 대한 입장, 소속 정당의 정치적 입장 등을 포함하고 있으며 후보 개인의 특성과 이력은 조직 속의 개인이 아니라 후보 스스로 걸어온 길, 개인적 특성과 취향, 에피소드 등을 포함하는 내용이다. 지역 공약은 지역의 숙원사업 및 현안에 대한 해결 약속, 지역구 창원의 정책 제안 등을 담고 있으며 지역주민과의 교감은 지역주민과 함께 하는 모습을 강조한 내용이다.

메시지로 페이스북 이용자의 21.3%가 이 컨셉을 사용했다. 그 뒤를 이어 많이 사용하는 메시지 컨셉은 지역부민과의 교감 17.6%, 후보의 정치적 입장과 철학 16.2%, 공식적인 정치활동과 경력 12.4%, 유력 인사와의 관계를 부각시킨 컨셉 7.5% 등의 순으로 나타났다.

	서울	경기권	충청권	영남권	호남권	사례수
유력인사와의 관계	9.2	7.7	9.7	8.0	5.6	49
공식 정치활동과 경력	9.8	16.8	19.4	11.0	1.9	81
정치적 입장과 철학	16.3	16.3	11.3	20.2	20.4	110
개인적 특성과 이력	20.3	13.9	21.0	11.7	25.9	106
지역 공약	21.6	18.3	21.0	23.3	31.5	139
지역주민과의 교감	17.0	18.8	9.7	19.6	22.2	115
공란	5.9	9.6	8.1	6.1	18.5	54
사례수	153	208	62	163	54	654

[표 3] 선거지역별로 본 커버사진의 메시지 컨셉(단위 : %)

한편 후보들이 커버사진에서 강조하는 메시지 컨셉은 출마지역과 연령에 따라 다소 차이가 있었다. 충청권 후보들의 경우 다른 지역 후보에 비해 유력인사와의 관계(9.7%), 공식적인 정치활동과 경력(19.4%)을 강조하는 비율이 높았으며 영남권 후보들은 정치적 입장과 철학을 강조하는 비율(20.2%)이 높은 편이었다. 그에 비해 호남권 후보들은 정치적 입장과 철학(20.4%), 개인적 특성과 이력(25.9%), 지역 공약(31.5%)을 강조하는 컨셉이 많은 편이었다.

	39세 이하	40대	50대	60대 이상	사례 수
유력인사 와의 관계	23.1	6.9	7.6	4.9	49
공식 정치활동과 경력	3.8	11.5	12.7	13.9	81
정치적 입장과 철학	42.3	20.8	15.5	11.8	110
개인적 특성과 이력	11.5	18.5	17.5	11.8	106
지역 공약	7.7	20.0	21.5	24.3	139
지역주민 과의 교감	11.5	14.6	17.8	20.8	115
공란		7.7	7.3	12.5	54
사례 수	26	130	354	144	654

[표 4] 연령별로 본 커버사진의 메시지 컨셉(단위 : %)

후보들이 페이스북 커버사진에서 강조하는 메시지 컨셉을 연령별로 비교해 보면 39세 이하의 젊은층 후보는 다른 연령층에 비해 유력 인사와의 관계(23.1%), 정치적 입장과 철학(42.3%)을 강조하는 비율이 상대적으로 높았다. 반면에 40대 후보들은 개인적 특성과 이력을 강조하는 비율(18.5%)이 높은 편이었다. 60세 이상의 후보들은 다른 연령층에 비해 공식적인 정치활동과 경력(13.9%), 지역 공약(24.3%), 지역 주민과의 교감(20.8%)을 강조하는 비율이 높은 편이었다.

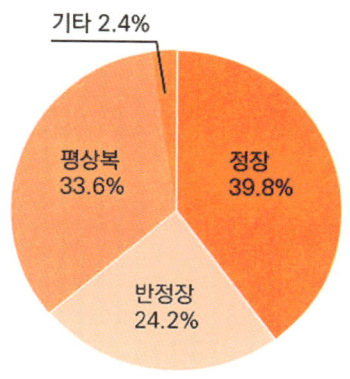

기타 2.4%
평상복 33.6%
정장 39.8%
반정장 24.2%

[그래프 6] 커버사진에 나타난 후보들의 옷차림

페이스북 커버사진에 나타난 후보들의 옷차림은 양복이나 양장 차림의 정장이 39.8%로 가장 많았으며 그 뒤를 이어 평상복 33.2%, 반정장 24.2% 등의 순을 보였다.

20대 총선 후보들의 페이스북에 게시된 친구들의 수는 적게는 5명에서 최대한도인 5,000명까지 분포했으며 평균 친구 수는

558명이었다.

[그래프 7] 후보들의 페이스북 포스팅에 대한 인터렉션 지수

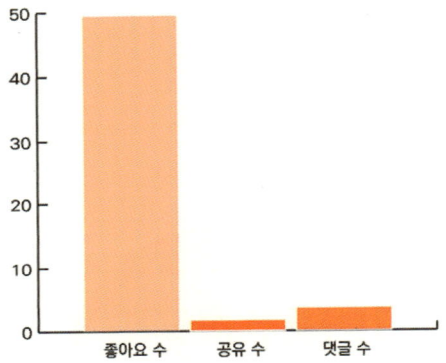

이어서 후보들의 페이스북 콘텐츠에 대한 반응을 나타내주는 좋아요, 공유, 댓글 수를 알아보았다. 먼저 좋아요 수는 0에서 최대 1,310개까지 분포했으며 평균은 49.6개였다. 공유 수는 0에서 최대 108개까지 나타났으며 평균은 1.7개였다. 또한 댓글 수는 0에서 최대 70개까지 분포했으며 평균은 3.6개였다. 이같은 결과는 20대 총선 예비후보들이 평균 558명의 페친을 가지는 등 다양한 활동을 하고 있지만 수준 높은 반응을 이끌어내지 못하고 있다는 것을 보여준다.

종합결론

지금까지의 분석결과를 종합해 볼 때 20대 총선 예비후보들은 유권자 표심을 잡기 위해 매우 적극적인 SNS 활동을 하고 있는 것으로 나타나고 있다. 즉 후보들은 평균 1.8개의 SNS 채널을 가지고 있으며 3명 중 2명(66.8%)이 최소 1개 이상의 SNS 채널을 활용하고 있다. 페이스북, 블로그, 트위터, 개인 홈페이지, 인스타그램 등 다양한 SNS들을 활용하고 있는 가운데 특히 페이스북과 블로그의 이용비율이 높았다. 특히 예비후보들이 가장 많이 활용하는 페이스북의 경우 평균 친구 수가 558명에 달하는 등 외형적인 활동은 비교적 활발한 것으로 나타났다.

그러나 이러한 활발한 활동에도 불구하고 내용 면에서는 몇가지 근본적인 문제점들이 드러나고 있다. 가장 큰 문제는 SNS 특성에 대한 이해 부족과 이로 인한 팬들, 즉 유권자들과의 관계 부조화였다. 이를테면 페이스북의 경우 공개를 전제로 하는 공적 공간이지만 그 안에서 이루어지는 지는 커뮤니케이션은 사적이고 감성적인 특성을 가지고 있다. 따라서 총선 상황에서 유권자들의 지지와 공감을 이끌어내기 위해서는 그에 걸맞은 콘텐츠와 이미지 요소가 필요하다. 그러나 커버사진 분석결과에 나타나듯이 유권자들의 관심사나 교감에 필요한 콘텐츠보다는 후보의 일방적인 과시나 홍보 메시지들이 주를 이루고 있다. 페이스북 게시물에 대해 공유나 댓글이 극히 적은 것은 이를 잘 보여주고 있다.

제 3장

———

'카카오스토리' 활용 선거전략

'카카오스토리' 활용
선거전략

카카오스토리는 나의 일상생활을 올리는 홈페이지와 같은 곳으로 글과 함께 여러 장의 사진을 올려 카카오스토리 친구들과 공유할 수 있는 SNS이다. 그런데 국내에서 가장 많이 사용하는 메신저 카카오톡과 친구들이 연결되므로 출시된 지 얼마 되지 않아 국내에서 가장 많이 사용하는 SNS가 되었다.

카카오스토리의 특징

카카오스토리의 특징 첫 번째는 카카오톡과 연동된다는 것이다. 두 번째는 사진공유 기반 한국형 SNS라는 것이다. 한국인의 정서에 맞게 지인과의 관계를 기반으로 하고 여러 장의 사진을 올릴 수 있으며 공감 버튼도 5가지가 있어 풍부한 감성을 표현할 수 있다.

세 번째 특징은 카카오톡에서 대화를 많이 하는 30~40대 육아를 하는 여성들이 많이 사용한다는 것이다. 네 번째는 글 보기의 순서가 최신순이어서 블로그나 페이스북처럼 별다른 노력을 기울이지 않아도 내 친구의 소식란에 내가 올린 콘텐츠가 보여진다.

1) 유권자와 관계 맺기: 카카오스토리는 친구를 신청하고 수락하는 관계로 1,000명까지 친구제한이 있다. 그러나 최근에 업데이트가 되면서 개인 카카오스토리도 소식받기를 할 수가 있는데, 개인계정 소식받기를 설정하면 소식 받는 사람의 콘텐츠는 상대방에게 노출되지 않으면서 일방적으로 소식 받는 사람의 소식만 받아볼 수 있게 된다.

친구 1,000명이 다 차서 친구로 받아 줄 수 없을 때는 새로운 이메일로 다른 계정 카카오스토리를 만들어 친구를 만들어 나가는 것이 필요할 수도 있다.

2) 친구: 카카오스토리는 카카오톡 친구가 카카오톡 프로필에서 연결되고 카카오스토리 찾기 부분에서 추천된다.

3) 댓글 달기: 카카오스토리는 개인 계정으로 내 글에 달린 댓글에도 답글을 달 수 있고 내 친구나 친구의 친구 카카오스토리를 방문하여 댓글도 달 수 있다. 그러나 스토리채널은 내 스토리채널의 글에 댓글을 달아준 사람에게만 답글을 달 수 있고 그

사람의 카카오스토리로 가려고 친구 프로필을 터치하면 카카오스토리로 이동한다는 메시지가 뜬다.

4) **해시태그**: 해시태그는 모바일마케팅에 있어서 굉장히 중요한 기능이다. '#'기호와 특정 키워드를 붙여 쓰는 것으로 소셜미디어에서 편리하게 검색할 수 있는 기능을 주는 것인데 페이스북, 트위터, 카카오스토리, 인스타그램 등에서 관심 키워드를 검색할 때 사용한다.

해시태그는 글 처음부분, 중간, 마지막 부분 등 아무데나 넣을 수 있으며 중요한 것은 카카오스토리 개인계정에서는 글을 전체공개로 설정해야 해시태그를 검색했을 때 콘텐츠가 노출된다는 점이다.

제 4장

비즈니스용 카카오톡
'옐로아이디' 활용 선거전략

비즈니스용 카카오톡 '옐로아이디' 활용 선거전략

옐로아이디 이해하기

옐로아이디는 간단히 말해 비즈니스용(기업형) 카카오톡이다. 우리나라 스마트폰 사용자 중 96%가 카카오톡을 기본 메신저로 이용하면서 친구들과 소통하고 있다. 그러나 카카오톡은 개인 채팅방이나 단체 채팅방에서 대화는 할 수 있지만 카카오톡 친구 전체에게 메시지를 한꺼번에 보내는 것은 불가능하다.

옐로아이디는 그런 불편을 해소하여 일시에 친구들(고객)에게 메시지를 전송할 수 있으며 메시지의 형태도 기본형, 이미지 앨범형, 쿠폰형, 카탈로그형 등 다양하게 고객에게 어필할 수 있도록 지원하고 있다. 그러나 옐로아이디 운영자는 친구들 목록을 볼 수 없으며 누구를 선택해서 일대일 대화를 요청할 수는 없다. 단 고객이 먼저 대화를 요청하면 1:1 대화를 할 수 있다.

또 옐로아이디는 계정을 만들고 바로 쓸 수 있는 것이 아니라 정보를 넣고 심사요청을 하면 카카오에서 심사요청이 완료되었다는 알림이 카카오톡으로 온다. 그런 후에 옐로아이디 웹이나 앱으로 들어가면 계정이 열리는 구조이다. 처음 출시되었을 때는 5일 정도 걸렸으나 요즘은 1~2일 만에 심사가 완료되었다는 알림이 온다.

옐로아이디가 어떤 서비스인지 자세히 알아보기로 하자.

옐로아이디를 운영하기 위해서는 옐로아이디 관리자 앱을 따로 다운받아야 한다. 그러나 고객은 옐로아이디 운영자와 카카오톡에서 대화를 하는 것이므로 고객은 옐로아이디와 카카오톡이 잘 구분되지 않고, 구분할 필요도 없다.

고객은 나의 옐로아이디를 카카오톡 친구찾기에서 검색하고 친구로 추가할 수 있다.

옐로아이디를 사용해야 하는 이유

요즘에 휴대전화 문자로 홍보 메시지를 보내면 대부분의 문자가 스팸성 메시지 (스미싱[smishing], 파밍[pharming], 피싱[phishing] 등)으로 인식하여 링크를 오픈할 확률이 거의 없다고 한다. 그러나 카카오톡의 비즈니스 계정인 옐로아이디는 카카오톡으로 친구를 맺어준 고객과 대화를 하는 것이기 때문에 친근감이 있어 상담에서 구매까지 이어질 확률이 높다. 옐로아이디를 사용해야 하는 이유를 정리하면 아래와 같다.

① 카카오톡을 사용하므로 고객이 친구추가하기 쉽다.
② 카카오톡으로 보내는 문자는 오픈율이 높다.
③ 스토리채널과 연계하여 1:1 상담을 할 수 있다.
④ 운영자는 전체 고객에게 텍스트, 이미지, 쿠폰 등의 형태로 메시지 발송이 가능하다.
⑤ 하나의 옐로아이디를 다수가 관리할 수 있어 비즈니스용으로 적합하다.

옐로아이디 만들기

옐로아이디를 만들어 심사요청을 해 보자.

우선 옐로아이디는 웹에서 들어갈 때는 크롬 브라우저로 들어가야 한다. 시스템이 크롬 브라우저에 최적화 되어있다는 공지가 있다. 웹에서는 옐로아이디를 검색하거나 아래 주소로 들어가면 된다.

https://yellowid.kakao.com/join

여기서는 스마트폰으로 같이 만들어 보기로 한다. 우선 구글 플레이스토어나 앱스토어에서 '옐로아이디 관리자'앱을 다운받는다. 약관에 동의하고 '시작하기'를 클릭한다. 그러면 '새로운 옐로아이디 만들기'를 할 수 있다.

옐로아이디명은 20자까지 쓸 수 있으며 카카오톡으로 고객들과 대화할 때 보이는 이름이다. 옐로아이디는 카카오톡 친구 검색부분에 입력하는 검색어로 한글, 영문 소문자, 숫자로 입력 가능하고 16자까지 된다. 이 두 부분은 개설 후 변경할 수 없기 때문에 고객이 나의 옐로아이디를 잘 발견할 수 있는 키워드를 넣는 것이 좋다. '키워드+브랜드'로 하면 된다.

프로필 사진은 사업체를 잘 나타내 주는 것으로 해야 반려가 되지 않고 한 번에 심사를 통과할 수 있다. 아무 설명이 없는 개인 사진은 반려되므로 다시 넣어야 한다. 만약 심사가 반려되었다면 이유를 설명해 주므로 잘 읽어보고 다시 신청하면 된다.

옐로아이디 관리자 PC버전 홈화면

제 5장

페이스북을 활용한

20대 총선 필승전략 :

선거에서 승리하기 위한

페이스북 십계명

페이스북을 활용한
20대 총선 필승전략 :
선거에서 승리하기 위한
페이스북 십계명

페이스북(Facebook)은 소셜네트워크 서비스의 하나로 사용자들이 서로의 개인정보와 글이나 동영상 등을 상호 교류하는 온라인 관계 맺기 서비스이다.9) 2004년 2월 4일 "더페이스북"(TheFaceBook)이라는 이름으로 서비스를 실시한 이후 2015년 12월 기준으로 글로벌 월간 활동 이용자 수가 15억 5,000만명에 이를 정도로 이용자 수가 늘어났다.10) 한국에서는 2005년에 처음 출시된 이후 한 달에 한 번 이상 이용하는 사람들이 2012년 1,000만명에 달했고 2015년 말에는 1,600만 명으로 증가할 정도로 광범위하게 활용되고 있다.

페이스북은 마크 주커버그가 하버드 대학교 2학년 때인 2003년 10월 28일에 페이스매시(Facemash)라는 이름으로 서비스를 시작한 데서 비롯되었다. 이후 2004년 2월 4일에 "더페이스북"(TheFaceBook)이라는 이름으로 thefacebook. com 서비스를 본격적으로 시작했고 2005년에는 지금의 이름 "페이스북"으로 자리잡게 되었다.

처음에는 하버드 대학교의 학생들만 이용할 수 있었으나 점차 미국 전체 대학으로 확대되었으며 2005년 9월에는 고등학교에까지 영역이 확대되었다. 그 이후에 회원 영역이 몇 개 기업에까지 확대되었으며 2006년 9월에는 13살 이상의 전자우편 주소를 가진 사용자라면 누구나 가입할 수 있도록 개방되었다.

주요 기능

뉴스피드

사용자의 친구, '좋아요' 한 페이지의 소식을 시간순으로 보여주는 공간이다. 내가 쓴 글은 내 타임라인에 올라갈 뿐만 아니라 내 친구들의 뉴스피드에도 노출된다. 또한 내 친구들의 새로운 글도 내 뉴스피드에서 볼 수 있다. 이렇게 친구들의 소식을 내 뉴스피드에서 바로 볼 수 있는 기능 때문에 이용자들은 페이스북이 편리하다고 느낀다. 뉴스피드에 나타나는 소식의 가장 주요한 조건은 친구 관계 및 '좋아요'이지만 이에 절대적으로 의존하는 것은 아니며 페이스북에서 자체 개발한 복잡한 알고리즘에

의해 소식이 뉴스피드에 게시될지의 여부와 뉴스피드 상의 배치
순서가 결정된다.

[그림 5] 페이스북 창립자인 마크 주커버그의 페이스북

타임라인

사용자가 게시하는 사진, 글 등을 실시간, 시간 순으로 보여주
는 공간이다. 뉴스피드에 있는 대부분의 소식은 사용자의 친구들
이 각자의 타임라인에 올린 것들이다. 원래 명칭은 'Wall(담벼
락)'이었지만 2011년 페이스북 키노트에서 마크 주커버그는 개
인의 삶을 역사적으로 표현할 수 있는 타임라인의 개념을 발표
했다. 사용자는 페이스북에서 제공하는 형식에 따라 자신의 중요
한 경험을 타임라인에 남길 수 있으며 이를 다른 사용자가 연도
별 인덱스에 따라 빠르게 볼 수 있다. 이에 따라 과거 시점으로
포스팅이 가능해졌고 출생부터 현재까지 원하는 시간에 기록을
추가할 수 있으며 과거의 중요한 사건들에 관한 것들을 기록할

수 있다.

타임라인에서 볼 수 있는 도 하나의 특징은 커버 포토의 기능
이다. 개인프로필로 접속하면 위쪽에 커버포토가 가장 먼저 게시
된다. 특히 커버포토는 다른 이용자들에게 자신만의 아이덴티티
를 표출할 수 있다는 점에서 중요한 역할을 한다.

페이지

페이스북과 트위터의 가장 큰 차이점 중 하나는, 트위터는 회
사 이름이나 사물 등 다양한 주제를 이름으로 하여 가입하는 것
이 가능하지만 페이스북은 가입시 성별, 생년월일을 반드시 입력
해야 하며 이는 사람만이 가입할 수 있다는 것이다. 따라서 기업
이든 혹은 정치인이든 페이스북 페이지를 통해 기존의 웹사이트
가 가지고 있던 신뢰성을 유지하면서 다양한 커뮤니케이션 기능
을 통해 팬들과 일대일 관계를 구축하는데 유용하다. 즉 페이스
북에 공식 페이지를 개설하고 '좋아요'를 통해 팬을 확보하게 되
면 페이지 활동이 팬들의 뉴스피드에 자연스럽게 노출된다.

그룹과 그룹 관리자

그룹은 페이스북 내의 공동체이다. 그룹은 한 개의 타임라인
을 가지고 있으며 그룹에 속한 사람은 그룹에 사진과 파일(최대
25메가)까지 올릴 수 있다. 그룹은 공개, 비공개, 비밀 그룹으로
나뉜다. 그룹을 생성한 사람은 자동으로 관리자가 된다. 그룹 생
성시 관리자는 그룹의 비공개 또는 공개 여부를 설정할 수 있다.

공개관리자는 다른 사용자를 관리자로 임명할 수 있으며, 가입 신청을 승인하고, 그룹의 게시물을 삭제할 수 있다. 그룹의 커버 사진, 그룹 설명 등의 설정을 변경할 수 있다. 그러나 그룹을 생성한 사람을 제외할 수는 없다.

그룹의 종류

그룹원이 250명 미만인 그룹의 경우 관리자가 그룹의 공개 범위를 자유롭게 할 수 있으나, 그룹원이 250명 이상이 될 경우 그룹이 비공개나 비밀로 전환하면 다시 공개 그룹으로 전환할 수 없다.

공개 - 그룹의 가입되어 있지 않더라도(제3자) 그룹의 게시물과 그룹에 속한 사용자를 볼 수 있다. 다만 그룹에 게시물을 올리기 위해서는 그룹에 가입하여야 한다.

비공개 - 그룹의 존재 자체와 그룹에 속해있는 일부 사용자를 제3자가 확인 가능하나 그룹의 게시물과 전체 그룹원을 보기 위해서는 그룹에 가입하여야 한다.

비밀 - 그룹의 존재를 제3자가 확인할 수 없다. 따라서 그룹에 속해있는 사람의 초대와 초대에 대한 승인을 통해서만 그룹에 가입이 가능하다.

페이스북의 영향

페이스북은 다양한 방법으로 사회적인 삶과 사람들의 활동에 영향을 미치고 있다. 특히 모바일 스마트폰이 널리 보급된 상황에서 페이스북은 사용자로 하여금 지속적으로 친구들, 친척들, 그리고 어느 곳에 있든지 인터넷 접속만 가능하다면 알고 있던 다른 사람들과 연락할 수 있게 한다. 또한, 공통된 관심사를 가지고 있거나 같은 신앙을 가지고 있는 사람들을 그룹과 다른 페이지로 결합시킬 수 있고, 소식이 끊긴 가족 구성원들이나 친구들을 다시 만나게 하는 사이트로 알려져 있다.

페이스북은 또한 대중성을 기반으로 한 새로운 상품의 프로모션을 포함해서 기업의 마케팅에 유효한 도구로 활용되고 있다. 소셜 빅데이터 분석기업인 랭크웨이브가 국내 200대 기업을 대상으로 기업매출과 페이스북 팬페이지 회원을 분석하여 실시한 조사에 의하면, 소셜 영향력이 높은 고객을 확보한 기업의 매출 성장률이 그렇지 않은 기업에 비해 13배나 높았다.11) 조사대상 기업 중 고객의 평균 영향력 점수가 가장 높았던 A사의 경우 연간 매출이 30% 넘게 성장한 반면, 조사대상 중 점수가 가장 낮은 B사는 오히려 매출이 감소했던 것으로 나타났다. 이런 결과는 SNS가 일상화되면서 제품 및 서비스를 구매하는데 지인의 추천이 갈수록 중요해지고 있으며 결과적으로 페이스북이 기업 매출 성장에 중요한 영향을 미치고 있음을 보여주고 있다.

정치적 영향

선거운동은 자신의 지지층을 더 넓히기 위한 것으로 일종의 여론전이라고 할 수 있다. 원론적인 의미에서 여론은 정치인과 유권자 간의 상호 대화를 통해 형성된다고 할 수 있다. 그러나 지금까지의 여론은 정보와 의견을 일방적으로 전달하는 미디어에 의해 주도되어 왔기 때문에 본래의 의미를 상실했다. 특히 여론을 주도하는 매스미디어의 영향력이 강해지면서 매스미디어 중심의 여론 형성 과정이 고착되었고 그 과정에서 편파성과 함께 여론조작 문제 등이 발생하면서 대중의 불신과 정치 혐오주의를 초래하기도 했다.

그러나 소셜미디어는 기존 언론의 일방적인 의제 설정과 여론 형성 메커니즘에서 벗어나 정보의 공유와 대화를 통해 자발적인 커뮤니케이션을 유도하면서 짧은 시간에 많은 사람들에게 의견 교환과 확산을 활성화시킴으로써 새로운 여론 형성 및 의제 설정 채널로 기능하게 되었다. 이런 의미에서 소셜미디어는 선거운동에 있어 핵심적인 도구로 인식되고 있으며 드라마틱한 반전을 이끌어내기도 한다.

또한 소셜미디어는 수평적 대화를 통해 공유된 인식을 수용하고 투명성, 신속성, 관계성을 바탕으로 집합적 여론을 형성하고 다양한 형태의 정치 참여를 활성화시킨다. 오프라인 공간이든 온라인 공간이든 적극적으로 자신의 정치적 주장과 의견을 표현하는 사람들은 소수에 불과하지만, 그에 동조하는 사람들이 작은 표현을 통해 의견을 공유하기 시작하면 공유된 의견의 확산은 엄청난 속도와 범위로 확산될 수가 있다. 2010년 6월 2일 지방선거에서 선관위를 비롯, 문화예술인들의 투표 독려 메시지가 트위터를 통해 바르게 퍼져나가면서 투표 종료 1시간을 남기고 투표율이 극적으로 상승한 것은 단적인 예라고 할 수 있다.

선거운동 채널로서 페이스북의 가치와 영향

페이스북은 우리나라 19~59세 사이 국민의 59.8%가 이용하고 있을 정도로 광범위한 이용자층을 갖고 있다는 점에서 먼저 유효한 선거운동 채널이 될 수 있다. 이러한 이용자 범위 뿐만 아니라 페이스북이 가지고 있는 속성 또한 선거운동 채널로서 유용한 점이 많다. 이를테면 홈페이지는 자유롭게 연출은 가능하지만, 방문자의 액션을 얻어내기 힘들고 방문자와의 연결고리를 만드는 것도 쉽지 않다. 블로그의 경우 포털에 노출되어서 트래픽을 유발할 수 있지만, 지속적인 소통에는 한계가 있다. 또 트위터는 빠른 전달력이 강점이지만, 의미 있는 콘텐츠를 담아내는 데 한계가 있다. 유튜브는 동영상을 담아내는 훌륭한 채널이지만, 자체적인 홍보력에는 역시 한계가 있다.

이에 비해 페이스북은 이미지는 물론 동영상까지 포함한 멀티미디어를 소화할 수 있으며 텍스트 분량의 제한을 받는 트위터와 달리 많은 양의 텍스트도 수용할 수 있다. 또한 페이스북은 이용자층의 인구학적 속성에 있어서 뚜렷한 차이를 갖고 있기 때문에 연령별 혹은 성별 맞춤화된 타깃팅이 가능하다. 이와 함께 다양한 인터렉션을 통해 유권자들의 반응을 체크하고 향후 선거운동에 반영할 수 있다. 소셜미디어의 이러한 속성을 통해 정치인이나 정당에 접촉하는 비율이 크게 늘고 있다.

미국의 저명한 공공 연구기관인 퓨리서치센터의 조사에 의하면 트위터와 페이스북 등 소셜미디어를 통해 정치인이나 공직 후보자에게 접촉하는 유권자 비율이 2010년 6%에서 2014년에는 16%로 늘어났다. 이 결과는 18세에서 49세 사이의 유권자 중에서 소셜미디어를 이용해 접촉하는 비율이 상대적으로 높다는 것을 보여주고 있다.

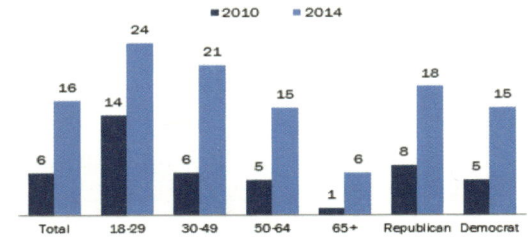

[그래프 8] 미국 유권자들의 소셜미디어를 통한 정치인, 정당 접촉비율 변화 추이

미국 페이스북 케이티 하베스 국제정치·선거협력본부장은 서울신문과의 인터뷰에서 선거운동 채널로서 페이스북의 장점을 다음과 같이 다섯 가지로 요약했다.12)

첫째, 친구 찾기를 통해 해당 지역구의 사람을 모을 수 있다. 따라서 출신지, 거주지, 학교, 직장별 친구 찾기가 가능하다.

둘째, 명함을 받거나 소개받은 지인을 연결하여 지속적으로 소식을 전할 수 있다. 페이스북의 이런 특성은 타 지역에 거주하는 후보의 친구들로부터 지인을 소개받기에 유리하고 실시간 소통 가능, 페북 메신저를 통해 소통하는 것도 가능하다.

셋째, 후보의 동선을 알려서 지지자들을 행사장에 모으기에 유리하다.

넷째, 지역구민이 많이 모여있는 그룹을 활용하여 후보의 메시지를 전달할 수 있다.

다섯째, 노트 기능이 개선되어서 블로그에서만큼 긴 글을 보다 효과적으로 쓸 수 있다.

선거운동 채널로서 페이스북의 장점이 이렇듯 많지만 우리나라 정치인들의 페이스북 활용은 극히 한정된 것으로 나타났다.

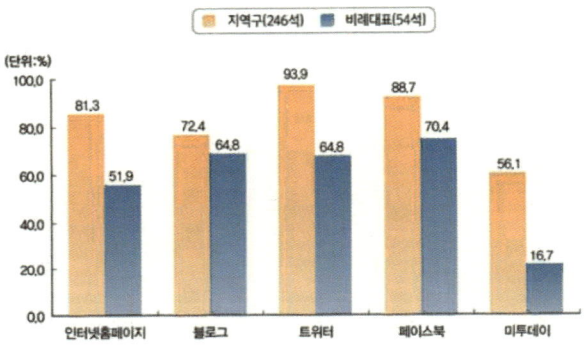

[그래프 9] 19대 국회의원의 인터넷, SNS 이용현황

국회 입법조사처가 2013년 말에 19대 현역의원들의 인터넷과 SNS 이용현황과 특징을 조사, 발표한 바 있다. 그 결과를 보면 19대 현역 지역구 국회의원의 93.9%는 트위터를 운영하고 있으며 88.7%가 페이스북 계정을 가지고 있는 것으로 나타났다. 즉 10명 중 9명에 가까운 의원들이 페이스북을 운영하고 있다는 것을 보여준다. 이에 더해 최근의 SNS 이용 변화 추이를 고려하면 페이스북을 이용하는 국회의원들의 비율은 더 늘었을 것으로 추산할 수 있다. 특히 19대 의원들은 페이스북의 주 사용목적으로 유권자와 소통 강화를 들고 있지만 실질적으로는 정치적 견해나 주장, 일정에 대한 홍보를 체계적으로 알려주는데 한정해서 활용하는 경향을 보여주었다.

박대성 페이스북코리아 정책담당 이사 역시 국회의원들의 페이스북 활용에 대해 "아무리 잘 줘도 'B학점' 정도"라고 낮게 평가했다.13) "페이스북의 경우, 기본적으로 게시자와 친구(혹은 팔로어)들 간에 소통을 통해 움직이는 쌍방향 커뮤니케이션 수단인데 대다수 의원들은 여전히 자기 메시지를 전달하는 홈페이지나 블로그의 연장선 정도로 활용하고 있다"는 게 이유다. 실제로 의원들의 페이스북 페이지를 살펴보면, 자신의 행적을 담은 보도자료나 회의·연설·악수하는 사진 등 천편일률적인 콘텐츠로 꾸려진 게 대다수다. '개점휴업' 상태로 방치된 페이스북도 상당수여서, 심지어 새정치연합의 한 호남 재선의원의 페이스북에는 외국산 선글라스 할인 광고만 즐비하게 올라와 있다. 박 이사는 "사회관계망서비스는 말 그대로 관계맺기인데, 이렇게 방치하면 오히려 신뢰를 해칠 수 있다"며 "제대로 관리할 생각이 없다면 차라리 시작하지 않는 편이 낫다"고 말했다.

박 이사는 페이스북 소통의 달인이 되기 위해선 "진솔한 내 얘기를 매체 특성에 맞춰 짧고 쉽게 전달하는 게 좋다"고 조언했다. 그는 "신문·방송에서 볼 수 있는 얘기까지 페이스북에서 또 보고 싶어하는 사람은 많지 않다"며 "정치인의 소소한 일상이나 사소한 느낌, 의견 등 인간적인 모습을 보여줄 때 사람들은 훨씬 더 가깝게 소통하고 있다고 느낀다"고 말했다.

주요 외국경선 사례

　최근 미국의 대선 후보들 중에서 페이스북을 가장 적극적으로 활용하고 있는 후보는 공화당 대선주자인 '도널드 트럼프 (Donald John Trump)'이다. 미국 일간지 미국 일간지 USA 투데이에 따르면, 트럼프는 성탄절 직전 12월 셋째 주 페이스북 정치인 거론 횟수에서 5천12만 5천 건을 기록했다. 이는 공화당 14명, 민주당 3명 등 대선 경선에 나선 여야 17명의 출마자 중 가장 많은 수치다.

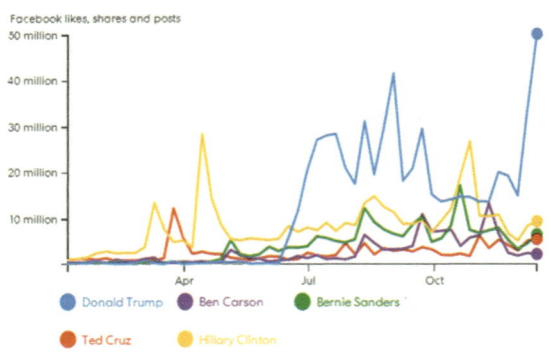

[그래프 10] 미 대선 후보 톱 5인 페이스북의 2015년 인터렉션 건수 변화

　더욱 놀라운 것은 좋아요, 코멘트, 공유와 포스트를 종합한 페이스북 인터렉션이 5천만 건을 넘고 있는 점이다. 이는 공화당

14명, 민주당 3명 등 대선 경선에 나선 여야 17명의 출마자 중 가장 많은 수치이며 다른 16명의 인터렉션을 모두 합친 2천 960만 건의 거의 2배에 달하고 있다.14) 2015년 12월 3주를 기준으로 인터렉션이 트럼프가 9천890만 건으로 독보적인 선두를 달리는 가운데 힐러리 클린턴 전 국무장관(2천290만 건), 민주당의 버니 샌더스(버몬트) 상원의원(1천450만 건), 공화당 테드 크루즈(텍사스) 상원의원(1천370만 건)이 뒤를 이었다.

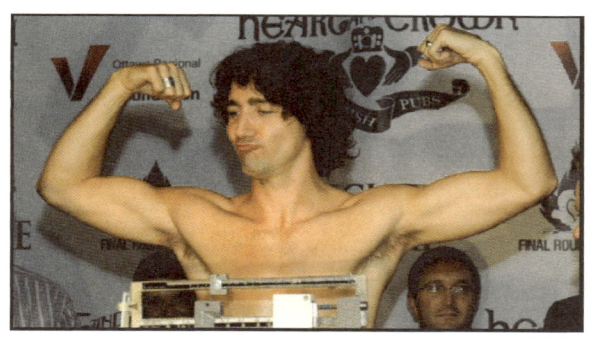

[그림 6] 쥐스탱 트뤼도 캐나다 총리 후보는 총선에서 멋진 신체적 조건을 잘 활용하여 페이스북을 통해 자주 게시하였다.

2015년 총선에서 총리가 된 캐나다의 쥐스탱 트뤼도는 감성적인 메시지로 페이스북의 특성을 잘 활용한 사례로 꼽힌다.15) 그는 여성의 낙태권리와 대마초 합법화 등 진보적인 공약들을 발표했는데, 사실 '낙태 허용'은 반대 여론이 70%에 달하는 등 크게 환영받은 공약은 아니다. 그러나 그는 공약에 대한 논란을 감성적 메시지로 희석시켜 버렸다. 그가 페이스북에 올린 게시물들은 잘생긴 외모와 신체적 조건, 그리고 아내와 자녀들과의 일상이었다. 투표 당일에는 보좌관 두 명의 다리를 밟고 올라가 인간 피라미드를 만든 사진을 페이스북에 올렸다. 그는 페이스북에 자녀들과 뽀뽀하고 아내와 포옹하는 등의 사진으로 가정적인 이미지를 강조하고 있다.

선거에서 승리하기 위한 페이스북 십계명

첫째, 신뢰를 바탕으로 진정성 있는 핵심 팔로워를 구축해야 한다.[16)]

SNS로 선거운동을 한다는 것은 본인의 자랑이나 행보 알리기와 지역민들과 찍은 사진을 게시하는 것이 아닌 진정한 소통을 함으로써 민심을 얻고 신뢰를 얻는 것이어야 한다. 따라서 단 며칠에 불과하더라도 정치적 경력이나 공약 홍보가 아닌 신뢰에 바탕을 둔 SNS 활동이 필요하다. 이와 관련하여 보도자료 전문을 올리거나 링크 형태로 게시하는 것도 최소한도로 줄여야 한다. 이런 게시물에 대해 팬들은 의례적이고 가식적으로 받아들이

기 때문이다.

이를 구체화하기 위해서는 자신의 생각을 표현할 때 겸손해야한다. 지나친 자랑보다 글을 읽고 사진을 보는 사람들의 입장에서 도움이 되는 정보를 나누기 위해 노력해야 한다. 그런 점에서 SNS에 올리는 내용은 진솔해야 한다. 자신을 있는 그대로 표현해야 하며 가식적으로 잘 보이려고 하면 역효과가 난다. 또 이런 옷차림이나 헤어스타일에 있어서도 공식적인 모습이 아니라 일상의 편안한 모습이 필요하다.

둘째, SNS의 가장 중요한 특성인 雙方向의 커뮤니케이션이 필요하다.

바람직한 소통은 상호작용을 전제한다. 발신자의 역할이 순전히 메시지를 생산하는 활동으로 그쳐선 안 된다. 수신자가 피드백을 할 수 있어야 하며 발신자는 이를 수용하고 반영할 수 있어야 한다. 특히 우리나라 정치인의 경우 일방적인 홍보와 선전은 있으나 雙方向의 소통은 찾아보기 어렵다는 점에서 가장 강조되어야 할 부분이다.

오바마 대통령의 경우 SNS의 雙方向성을 가장 잘 활용한 정치인이라 할 수 있다. 2008년 당시 미국 민주당 버락 오바마 후보의 SNS 사용은 2012년 우리 대선 후보들보다도 앞섰다. 그는 SNS를 통해 대학생들을 만나 토론을 벌이는 등 직접 소통하는 모습을 보였다. 또한 마이보라는 SNS를 제작하여 지지자들과 적극적으로 상호작용했다. 그뿐만 아니라 동영상, 사진 등의 홍보

물을 제작할 수 있는 툴박스 안내서를 배포해 SNS 이용자들 스스로 적극적인 선거운동원이 되도록 유도했다.

셋째, 쌍방향에 더해 유권자들의 적극적인 참가를 유도할 수 있도록 하는 방안이 필요하다.

몇몇 후보의 경우 오락적 요소들을 첨가하여 이용자들이 재미를 느낄 수 있도록 하거나 펀드 모금 형식의 동영상을 올리기도 한다. 또 후보가 직접 답글을 달기도하지만 이는 SNS 상에서 구현하는 기본 기능에 불과한 것들이다. 다시 말하면 SNS의 특성을 잘 활용하지 못하는 경우인 셈이다.

페이스북 이용자들이 정치인 개인의 페이스북 페이지에 '좋아요'를 했다고 해서 해당 정치인에게 적극적인 반응을 할 것이라고 기대하는 것은 넌센스다. 따라서 팬들의 적극적인 반응을 이끌 수 있는 대응이 필요하다. 우리나라 정치인들의 페이스북을 보면 직접적인 지지를 호소하는 경우가 많은데 이는 효과적인 방법이 되지 못한다. 페이스북의 특성상 가장 큰 효과를 발휘하기 위해서는 단순한 태도적 반응을 넘어 참여하게끔 하는 것이 중요하다. 이를 마케팅 관점에서 보면 Call-to-action이 된다. 이를 위해서는 포스트 내용도 중요하지만 행위적 반응을 이끌기 위한 이벤트 같은 것도 시행해 볼 수 있다.

넷째, 대통령 후보든 국회의원 후보든 정치인인 이상 정책도 공약도 중요하지만 SNS 상에서는 인간적인 면모를 부각시키는

것이 더 중요하다.

따라서 공식적인 사진보다는 일상의 감성적인 요소가 있는 모습이 중요하다. 취미생활, 따뜻한 가족 이야기 그리고 과거 시절의 인상적인 모습을 타임라인을 통해 게시하는 것도 필요하다.

이 부분은 국내 선거 후보들이 특히 부족한 부분이다. 한국의 후보들은 특히 현역의원의 경우 자신의 의정 활동. 연설 등 공식 행사 참가 모습, 행사나 이벤트에서 방명록에 서명하는 모습들이 특히 많다. 더욱이 프로필란은 자신의 정당경력이 어떤지, 얼마나 많은 학위와 자격증이 있는지에 관한 내용으로 가득하다. 이런 것들은 전형적인 오프라인식 사고의 반영이다. 물론 의미가 없는 것은 아니지만 온라인상에서 친구관계를 끌어내는 데는 적합하지 않은 소재들이다. 그보다는 인간적인 모습을 보여주는 것이 더욱 중요하다.

다섯째, 자신의 지지자들에게 새로운 소식을 가장 먼저 전해야 한다.

지지층이 언론 보도를 통해 후보의 소식을 접할 수도 있지만 '이 사람이 나를 먼저 생각하는구나'라는 느낌을 줘야 한다. 친구 같은 느낌을 주었을 때 찾아오는 사람이 많아진다.

여섯째, 주기적으로 포스팅을 해야 하며 최소한 하루에 한번 이상 글을 올리는 것이 필요하다.

일곱째, 가능한 한 사진이나 동영상을 많이 올려야 한다.

이 때 올리는 사진은 회의 현장이나 악수하는 사진이 아니라 직접 찍은 셀카(셀프카메라)라도 올리는 것이 필요하다. 또 후보 본인이 개인 휴대전화로 찍은 영상을 페이스북 비디오에 자주 올려야 한다. 올리는 방법이 있다.

여덟째, 아무리 바쁘더라도 시간을 내서 댓글에 대해서 선택적으로라도 반드시 답글을 남기고 소통을 해야 한다.

아홉째, 또한 가독성을 고려하여 읽기 쉽게 글을 작성할 필요가 있다.

글을 쉽게 읽도록 하기 위해서는 단문 형태로 글을 쓰는 것이 좋다. 현역 정치인의 경우는 일정이 바쁘다는 이유로 링크만 걸어놓는 경우가 많은데 이는 금기사항에 속한다.

열째, SNS담당자는 반드시 후보가 참석하는 선거전략 회의에 참석하여 후보의 생각과 캠프의 전략을 꿰뚫고 있어야 한다.

제 6장

트위터를 활용한
필승 선거전략

트위터를 활용한
필승 선거전략

트위터는 140자 이내의 단문으로 정보를 공유하거나 친구를 맺을 수 있는 소셜 미디어로서 실시간 채팅과 유사한 방식으로 운영되며, 신속하게 이슈를 만들어 전파할 수 있어 정치인이나 연예인 등이 주로 사용하고 있다. 2006년 미국에서 최초로 서비스를 시작한 이래 전 세계적으로 약 2억명이 사용하고 있다.

일반적으로 트윗(tweet)이란 트위터에서 작성하는 140자 이내의 글을 말한다. 트위터 사용자 각자가 쓴 트윗이 모여서 타임라인을 형성한다. 이 타임라인이라는 공간은 송신자와 수신자가 의사소통을 하는 구조인데, 주요 기능은 다음과 같다.

타임라인

내가 팔로잉한 사람들이 글을 쓰면 실시간으로 올라오는 트위터 상의 게시물 모음공간이다.

팔로잉(following)

내가 관심있는 사람, 즉 친구가 되고 싶은 사람을 뜻한다. 그 사람이 글을 올리면 내 타임라인에 글이 뜨고 내가 쓴 글은 그 사람 타임라인에 뜨지 않는다.

팔로워(follower)

나에게 관심이 있는 사람, 즉 나와 친구가 되고 싶어하는 사람을 뜻한다. 그 사람이 글을 올리면 내 타임라인에 글이 뜨지 않고 내가 올린 글은 그 사람 타임라인에 뜬다.

맞팔

상호 팔로잉으로서, 양쪽 타임라인에 글이 뜬다.

RT(리트윗)

트윗을 다른 팔로워들에게 재전송하는 것으로서, RT가 많은 트윗은 인기 트윗으로 인식된다.

이미지

자신이 저장하고 있는 이미지를 올릴 수 있다.

왜 트위터가 선거에 필요한가?

정치의 세계에서는 호의적인 이슈를 만들어 수많은 사람들에게 신속하게 전파하는 것이 기본이다. 트위터는 이러한 취지에 최적화되어 있기 때문에 미국 등에서 정치인들에게 사랑받고, 나아가 전 세계적으로 널리 사용되고 있다. 이러한 트위터가 선거전략에서 왜 필요한지 살펴보자.

첫째, 트위터는 140자 이하의 단문을 주고받는 서비스로서, 짧은 만큼 강렬하고 가볍다. 따라서 모바일 서비스와 잘 어울린다. 스마트폰, 태블릿 PC 등 모바일 기기와 와이파이 등 무선인터넷 서비스가 늘어나는 추세에서 트위터의 '가벼움'은 SNS의 도구로써 큰 장점이다.

둘째, 트위터는 실시간적 성격이 강한 서비스이다. 트위터만이 가지고 있는 RT(리트윗)라는 기능으로 인해서, 메시지의 전파속도 뿐만 아니라 전파범위도 엄청난데 이것이 트위터의 영향력이 커지는 데 결정적인 역할을 한다. RT란 내가 본 내용을 나의 팔로워들에게 전달하는 행위로서, 클릭 한번으로 많은 사람에게 노출시킬 수 있다.

셋째, 트위터는 메시지의 전파통로가 되는 네트워크 구조가 심플하다. 내가 구독하고자 하는 사람의 허락 없이도 '팔로우(follow)'가 가능하여 그 사람의 트윗을 구독할 수 있다. 이러한 특성으로 트위터는 그 어떠한 SNS 보다도 전파 확장성이 강하다. 자신이 '팔로워(follower)'를 많이 가지고 있지 않더라도 전파범위가 무한대로 확산될 수도 있다.

넷째, 트위터의 단점으로는 메시지가 파편적이고 휘발성이 강하다는 점이다. 트위터 상의 글이 지워진다는 것이 아니라 타임라인을 따라 계속 생산되는 다른 글에 밀려 지나가 버린다는 의미이다. 특히 여러가지 메시지로 히스토리를 만들어서 연계하여 의미를 전달하고자 하는 경우에 애로가 있다. 따라서 트위터를 페이스북이나 블로그 등 다른 매체와 연계함으로써 이러한 장애 요인을 극복하기도 한다.17)

누가 트위터를 잘 활용하는가?

미국의 Twiplomacy 조사에 의하면18), 전 세계 리더들 가운데 2015년 트위터 팔로워 수 1위는 오바마 미국 대통령으로서 5천6백만명, 2위 프란시스 교황, 3위는 모디 인도 수상이다.

[그림 7] 세계 리더들의 2015년 트위터 팔로워 순위

이들의 공통점은, 신문 등 오프라인에 자주 등장한 인사들은 소셜 공간에서도 활발하게 소통한다는 점이다.

[그림 8] 2015년 가장 영향력 있는 세계 리더 순위

한편 트윗당 평균 리트윗 수에 의해 측정된 가장 영향력 있는 세계 리더 순위를 보면, 1위 프란시스 교황 9천9백회, 2위 사우디아라비아 국왕, 3위 마두로 베네주엘라 대통령, 4위 오바마 미국 대통령으로 나타났다.

트위터를 선거에 활용한 사례

오바마 미국 대통령 후보의 사례

2012년 미국 대선에서 오바마(Barack Hussein Obama II)와 롬니 진영은 트위터 전담팀을 운영한 바 있다. 트위터의 신속한 정보 파급력을 잘 알고 있는 양측은 트위터를 활용해 손쉽게 유권자에게 접근하고 이슈에 대해 신속하게 대응하는 선거전략에 활용하고자 하였다. 즉 선거 캠프들은 트위터를 통해 자신들의 입장을 알리고, 상대후보의 약점을 최대한 부각하여 전파하는 것이다.

특히 오바마 후보는 두 차례의 대선에서 트위터, 페이스북, 유튜브 등 소셜 미디어를 가장 효과적으로 사용했다는 평가를 받고 있다. 2008년 미 대선을 돌아보면, 2005년 미국 상원의원이 된 정치 신인 오바마가 거물인 힐러리 클린턴을 누르고 민주당 후보가 된 것도, 나아가 대선에서 공화당 후보 메케인을 이긴 것도 SNS를 활용해 젊은 유권자들을 파고든 전략의 결과였다. 소셜 네트워크의 위력을 잘 알고 있던 오바마 진영은 SNS 전문가를 선거의 전면에 배치하고, 오바마 후보의 메시지를 트위터나 페이스북을 통해 지지자들에게 퍼뜨리고, 이들이 다시 퍼 나르는 방식으로 소셜 매체의 위력을 극대화한 것이다. 사이버 공간에서 이뤄진 선거 캠페인에서 오바마는 상대 후보와는 비교가 안 될 정도로 메시지 생산 및 도달률을 확보함으로써, 청년층을 중심으로 지지자를 결집시키는데 성공한 것이다. 이러한 소셜 미디어를 활용한 선거전략은 2012년 미국 대선에서도 그대로 적용되어, 당시 재선이 불투명하던 오바마 후보는 당당하게 재선에 성공한 것이다. 아래 그림은 오바마 후보가 얼마나 적극적으로 소셜 매체를 활용하였는지 잘 나타내 주고 있다.[19]

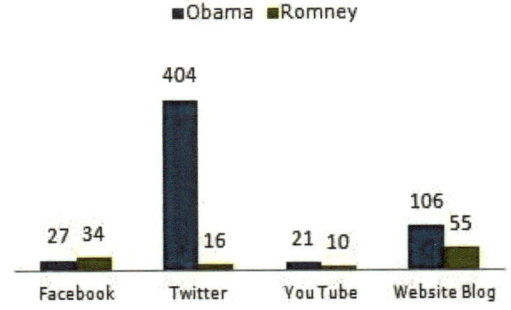

Obama Leads Romney in Digital Activity...

Number of all digital posts studied

■Obama ■Romney

	Facebook	Twitter	YouTube	Website Blog
Obama	27	404	21	106
Romney	34	16	10	55

Date Range: June 4-17, 2012

PEW RESEARCH CENTER'S PROJECT FOR EXCELLENCE IN JOURNALISM

[그래프 11-1] 2012년 미국 대선기간 중 오바마-롬니 후보 SNS 활용도

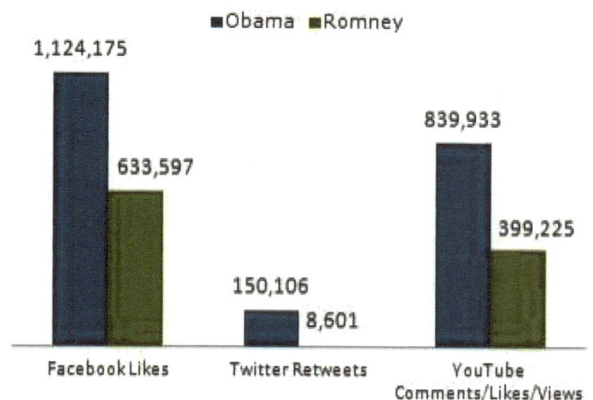

...and Social Media Response

Number of all digital posts studied

■Obama ■Romney

Facebook Likes: 1,124,175 / 633,597

Twitter Retweets: 150,106 / 8,601

YouTube Comments/Likes/Views: 839,933 / 399,225

Date Range: June 4-17, 2012

PEW RESEARCH CENTER'S PROJECT FOR EXCELLENCE IN JOURNALISM

[그래프 11-2] 2012년 미국 대선기간 중 오바마-롬니 후보 SNS 활용도

오바마 대통령은 재임 시에도 SNS를 활용한 타운홀 미팅을 갖고, 네티즌들의 질문에 컴퓨터를 직접 두드리며 토론을 한 바 있으며, 이러한 모습은 미국의 주요 방송을 통해 전국에 생중계 되기도 하였다. 특히 잭 도시 트위터 CEO나 마크 주커버그 페이스북 CEO와 함께 진행한 타운홀 미팅은 파급효과가 상당한 것으로 알려지고 있다. 그는 이러한 방식을 통해 민주당의 정책

과 자신의 우호적인 이미지를 국민들에게 신속하게 전파하고, 특히 디지털 기기에 능숙한 청년층을 자신의 지지자로 지속적으로 묶어둘 수 있었던 것이다.

[그림 9] 오바마 대통령 - 잭 도시 트위터 CEO 타운홀 미팅

[그림 10] 오바마 대통령 - 마크 주커버그 페이스북 CEO 타운홀 미팅

오바마 대통령의 트위터 메인 화면을 보면 특이한 점이 눈에 띄는데, 그의 트위터는 보좌관에 의해서 관리되고 있으나, 오바마 자신이 직접 트윗할 때에는 마지막 부분에 '-bo' 라고 표시한다. 이러한 오바마 대통령의 소셜 미디어를 통한 선거전략과 소통의 정치는 전세계 정치인들에게 교과서로 평가받고 있으며, 이러한 학습효과로 인해 2016년 미국 대선에서 각 캠프는 소셜 미디어를 최대한 활용하는 모습을 관찰할 수 있다.

Barack Obama ✓
@BarackObama

This account is run by Organizing for Action staff. Tweets from the President are signed -bo.

Washington, DC · http://www.barackobama.com

팔로워 **69,124,953**   팔로잉 **638,047**

[그림 11] 오바마 미국 대통령의 트위터 메인 화면

2016년 미국 대선 민주당 후보 경선, 힐러리 클린턴 사례

  힐러리의 선택은 SNS였다. 2015년 10월 12일, 트위터를 통한 짧은 출마 선언과 함께 유튜브에는 공약과 비전을 담은 동영상이 공개됐다. 힐러리 후보의 이와같은 의도는 중산층과 SNS에 능한 젊은 유권자 층을 겨냥한 것으로 해석된다. 2008년 오바마 후보에게 경선에서 패배한 경험이 있는 힐러리 후보는 5백2십만 명의 팔로워를 확보할 정도로 트위터를 비롯한 SNS 선거전략에 공을 들이는 것으로 나타나고 있다. 여기에는 SNS의 선거 달인으로 불리우는 오바마 대통령의 조언이 크게 작용한 것으로 풀이된다.

[그림 12] 힐러리 클린턴 미국 민주당 대선 후보의 트위터 메인 화면

  힐러리 후보의 최근 트위터나 유튜브 등을 살펴보면, 공약을 일방적으로 알린다기 보다는 일반시민들의 평범한 생활상이 전

면에 등장하는 경우가 대부분인데, 이는 자신의 귀족주의 이미지를 내려놓는 한편으로 대중과 소통의 공간으로서 SNS를 활용하려는 의도로 풀이된다. 최근 공개된 2분 여 동영상을 자세히 들여다보면, 창업을 준비하는 청년, 아이와 함께 하는 젊은 부부, 은퇴한 노년층 등 다양한 인종이 출연해 자신의 꿈을 얘기한다. 힐러리 후보는 영상 후반부에 두 차례 잠깐 등장하는 정도이다.

[그림 13] 트위터를 활용한 힐러리 후보의 선거자금 모금

한편 트위터는 모바일 결제회사인 스퀘어와 손잡고 트위터 사용자들에게 소액 선거자금을 직접 기부받는 서비스를 2015년에 출시한 바 있다. 아래 화면은 힐러리 후보가 선거자금을 모금하는 트윗이다. 스퀘어는 기부 툴인 스퀘어 캐쉬(Square Cash)를 서비스하고 있으며, 선거 후보는 스퀘어로 자신의 계정을 부여받아 캐쉬 태그(Cash Tag)를 트위터로 공유한다. 기부자는 트위터 창에서 스퀘어 웹사이트를 열고 이름과 체크카드 번호 등을 입력하면 원하는 후보에게 정치자금을 기부할 수 있다.

2011년 서울시장 보궐선거 사례

2011년 10월, 서울시장 보궐선거 다음날 신문에는 다음과 같은 흥미로운 기사가 눈길을 끈다. '이번 서울시장 선거에서도 소셜 네트워크 서비스의 힘은 다시 한 번 입증됐다. 트위터에서 언급된 박원순 후보 및 나경원 후보와 관련된 글의 비율이 각 후보가 얻은 득표율과 유사한 것으로 나타났다.'

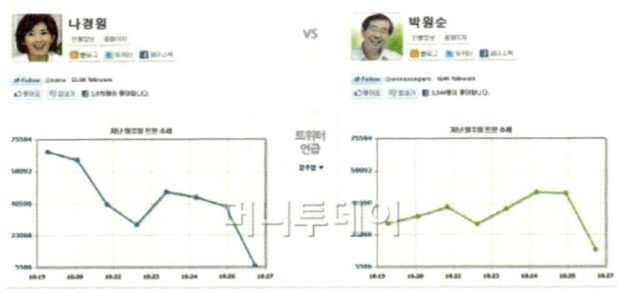

[그래프 12] 선거기간 중 양 후보에 대한 트위터 언급 추이

선거가 치러진 날 하루 동안 박 후보가 언급된 트위터 글은 4만5962건, 나 후보는 3만9034건으로서 비율로 보면 54.07%와 45.92%. 이는 공교롭게도 득표율과 비슷한 수준으로서, 최종 득표율은 박 후보 53.4%, 나 후보 46.2% 였다. 트위터 이용자들에 의해서 특정 후보가 언급됐다고 해서 직접적인 선호도를 나타내지는 않지만, 최소한 특정 후보에 대한 관심도를 나타낸다는

측면에서는 트위터가 실제 득표결과를 반영했다고 해석할 수 있다.[20] 이 사례에서 볼 수 있듯이 트위터의 특징인 실시간 정보 전파의 위력을 다시 한 번 실감할 수 있으며, 그 어떠한 소셜 매체보다도 단기 선거전 활용에 적합하다 하겠다.

박원순 서울시장의 사례

한국 정치인 중에서 트위터를 가장 효과적으로 활용하고 있다고 평가받는 박원순 서울시장은 2016.1월 기준으로 백 245천명의 트위터 팔로워를 확보하고 2만7천여개의 트윗을 작성하고 있다. 그는 시민의 소리를 듣기 위해 트위터를 활용한다. 대체로 정치인들의 트위터를 들여다보면 자신의 정치활동 성과와 공약을 알리는 위주로 트위터를 활용하는 반면, 박 시장은 업무시간 틈틈이 SNS를 통해 시민들과 소통하며 시민의 소리를 듣고 해결하는 도구로서 활용하고 있는 점이 특징이다. 실제로 그의 트위터를 분석한 결과를 보면 주로 주말에 사용한 비율이 월등히 높은 것을 볼 때, 공식적인 업무가 끝난 이후에도 시민과 활발하게 소통하려는 태도를 엿볼 수 있다. 박 시장은 트위터를 단순히 쌍방향 소통도구로서가 아니라 정보의 생산 유통 소비가 함께 이뤄지는 다방향 소통의 미디어로 한 차원 더 높게 이해한다. 그는 트위터를 시민의 목소리를 많이 듣고, 많이 답하고, 많이 전하는 도구로서 활용하고 있으며, 이러한 과정에서 박 시장은 시민의 목소리를 잘 대변해 준다는 이미지를 심는데 성공하고 있다.21) 그의 트위터를 관찰해 보면, 자신의 업적을 홍보하거나 정치적인 이슈를 만들어 자신을 드러내는 방식은 지양하고, 대신에 소박한 인간미를 풍기며 이런저런 얘기를 나누거나 민원을 처리하는 도구로 활용하는 점이 특징이다. 한 마디로 누구나 자주 방문하고 싶은 그러한 공간이다.

[그림 14] 박원순 서울시장의 트위터 메인 화면

정치인들은 왜 트위터를 두려워해야 하는가?

　140자의 짧은 단문을 사용하여 메시지의 실시간 전파속도가 기하급수적이라 할 수 있는 트위터는 모바일에 최적화되어 있어, 선거운동 기간 중 수시로 유권자들과 소통해야 하는 정치인 입장에서는 매우 유용한 도구임에 틀림없다. 그러나 이러한 장점에도 불구하고, 정치인들이 사용상 유의해야 할 점들이 있다.

　첫째, 트위터는 정보의 가공력과 확산력이 다른 매체와 비교 불가하다. 트위터는 팔로우 및 팔로워 관계 안에서 리트윗이라는 행위로 정보의 무한 확산이 가능하다. 이것은 양날의 칼과 같아서 잘 사용하면 득이 되지만, 잘못 사용하면 부메랑이 되어서 나에게 돌아온다는 의미이다. 이미지가 생명인 정치인의 입장에서는 트위터의 힘을 절대로 과소평가해서는 안 된다.

　둘째, 트위터리안들은 정글 같은 트위터 안에서 생존하는 카피라이터들이다. 140자 안에서 모든 것을 표현해야 하기 때문에 다수의 트윗들이 읽혀지지 않고 버려지는 실정이다. 특히 정치에 무관심한 계층에게는 스팸으로 간주될 수도 있다는 점에서, 일방적인 메시지 전달 보다는 소셜 미디어의 본연의 속성인 소통에 다가서려는 노력이 필요하다고 하겠다. 이렇듯이 작성한 트윗은 넘쳐나지만 살아남는 트윗은 얼마 없는 정글 같은 곳이 트위터라고 할 수 있다.

　셋째, 트위터는 남녀노소, 지위고하를 떠나서 모든 사람들이 모이는 백화점이라 할 수 있다. 각계각층의 다양한 사람들이 트위터를 매개로 실시간 상호 교류한다는 점에서 긍정적인 파급효과도 확실하지만 부정적인 파급효과도 무시할 수 없다. 과거의 많은 사례에서 볼 수 있듯이, 네티즌들에게 부정적인 이미지로 노출된 정치인이나 기업가는 순식간에 나락으로 떨어지곤 하였다. 특히나 선거에 출마한 정치인들은 소셜 공간에서 신중한 처신이 요구된다.22)

제 7장

유튜브를 활용한
필승 선거전략

유튜브를 활용한
필승 선거전략

왜 세계는 유튜브에 주목하는가?

  유튜브는 구글이 소유하고 있는 세계 최대의 동영상 사이트로서, 월 평균 10억명 이상의 이용자가 정보를 활용하기 위해 방문하거나, 자신의 채널을 개설해 본인이 촬영한 동영상을 올리고 공유하는 소셜 미디어이다. 기업에서는 상품을 홍보하는 마케팅 수단으로서 활용할 뿐만 아니라, 정치인들은 자신의 공약이나 활약상을 동영상으로 만들어 유튜브에 업로드하면 전 세계인에게 노출되는 열린 커뮤니티라고 할 수 있다. 이외에도 연예인이나 운동선수 등 유명인들이 즐겨 활용하는 것으로 나타나고 있다.

  2013년 기준으로 포춘 500대 기업 가운데 345개 기업이 유튜브 공식 계정을 보유하고 있으며, 전세계의 신세대 중 70%가 최소 월 1회 유튜브를 방문하며, 미국내 18-34세 연령대에서는 어떤 케이블보다도 높은 도달률을 보이고 있다.

유튜브는 여러 가지 측면에서 다른 소셜 매체와는 차별성을 지니고 있는데, 상호관계와 소통 보다는 이미지 콘텐츠의 생산과 공유를 주요 기능으로 하기 때문에, 이슈나 이벤트를 생성하여 이용자들의 공감을 확보한다면 상당한 파급효과를 가져올 수 있는 최적의 소셜매체라고 할 수 있다.

유튜브는 이미지와 동영상으로 보여지기 때문에 다른 매체에 비해서 언어의 장벽을 극복할 수 있어 전 세계인에게 성별 구별 없이 효율적으로 접근할 수 있고, 시청자의 기억에 오래 남는 특성을 지닌다. 텍스트로는 전달할 수 없는 분위기나 감정을 동영상으로 세밀하게 전달할 수 있어 시청자에게 진지하게 다가설 수 있는 장점도 지니고 있다. 1-2분의 짧은 시간에 핵심적인 메시지를 깊이있게 전달할 수 있기 때문에 선거전략으로 활용하기에도 안성맞춤이다.

또한 유튜브는 구글 그룹의 일원으로서 구글 검색에서 노출 빈도가 높다. 이러한 특성을 잘 알고 있는 기업에서는 유튜브의 알고리즘을 적절하게 이용하여 마케팅에 효과적으로 활용하고 있으며, 일반 개인들도 유튜브에서 제공하는 마케팅 툴을 활용하여 상당한 수입을 올리는 유튜브 마케터가 된 사례도 종종 보도되기도 한다.

유튜브로 제작한 동영상은 다른 소셜미디어와 손쉽게 공유가 가능하다. 즉 페이스북, 트위터, 블로그, 인스타그램 등 다양한 매체와 연계함으로써, 이미지 및 텍스트 정보의 파급효과를 극대화 할 수 있다. 따라서 다양한 유권자 집단에 자신을 알려야 하는 정치인 입장에서는 이보다 더 효율적인 무료 홍보매체는 없다.

그러나 유튜브의 이러한 다양한 장점에도 불구하고 다음과 같은 제약요인도 있다는 점에 유의하여야 한다.

첫째, 스마트폰 앱으로도 간단한 동영상을 제작할 수가 있지만, 선거에 활용하기 위해서 전문적인 동영상을 만들려면 기자재 등 영상 제작비가 꽤 소요되고,

둘째, 동영상이 시청자들에게 독창적이고 우호적인 이미지를 남기지 못한다면, 수많은 스쳐지나가는 그림에 불과하다는 인상을 남길 뿐이며,

셋째, 동영상이 불특정 다수를 타겟층으로 하여 노출되기 때문에 특정 집단에 소구하기 어렵다는 점이다.

유튜브의 이러한 단점들은 유튜브가 지니고 있는 영상매체를 활용한 홍보기능과 소셜미디어로서의 파급효과를 감안하면 충분히 상쇄 가능하다.

유튜브를 선거에 활용한 사례

미국 대통령 선거 오바마 민주당 후보의 사례

전세계 정치인 중에서 오바마 미국 대통령은 유튜브를 가장 잘 활용하는 정치인으로 꼽힌다. 전문가들은 오바마를 '소셜미디어를 활용한 소통의 달인, 선거의 제왕' 이라고 부르는데 주저하지 않는다. 그는 2008년, 2012년 선거기간 중 대량의 유튜브 동영상을 올려 지지율 상승에 성공한 바 있고, 그의 공식 유튜브 채널인 버락오바마닷컴(BarackObama.com)은 2016년 1월 기준으로 5십3만명의 구독자와 2억9천9백만이 넘는 시청 횟수를 기록하고 있다. '지금까지 이렇게 적극적으로 유튜브를 정치에 활용하는 캠프는 없었다고' 구글 측에서도 회고한 바 있다.

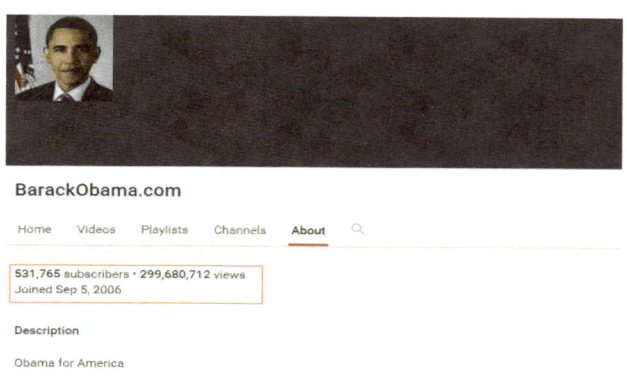

[그림 15] 오바마 미국 대통령의 유튜브 채널 메인 화면

Barack Obama in Pueblo, CO

BarackObama.com

52,286

[그림 16] 오바마 미 대선 후보의 유튜브 화면

한 정치평론가에 의하면 2008년 선거 당시 유권자들이 시청한 오바마 캠페인의 유튜브 동영상을 TV 광고비용으로 환산하면 약 4천 7백만 달러에 달한다고 하였다. 이뿐만 아니라 그는 개인 블로그를 만들어 선거공약을 알리는 한편으로 트위터, 페이스북, 유튜브 등 각종 소셜미디어를 선거운동의 전면에 내세우고 젊고 강한 미국 대통령 오바마의 이미지 구축에 성공한다.

이러한 선거전략은 2012년 미 대선에서도 그대로 적용하는데, 특히 최신 트렌드에 맞춰 짧고 강한 이미지 전달력이 장점인 유튜브를 적극 활용하여 지지층을 결집하는데 큰 효과를 보았다고 한다. 아래 그림은 당시 오바마 후보가 롬니 후보에 비해 유튜브를 비롯한 소셜 미디어를 얼마나 적극적으로 활용하였는지를 잘 보여주고 있다.

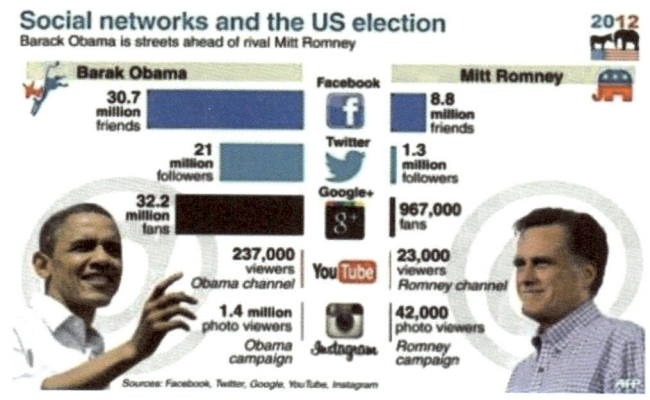

[그림 17] 2012년 미 대선, 오바마-롬니 후보의 소셜 네트워크 활용도

2012년 선거 당시 민주당 후보 오바마 캠페인의 디지털 마케팅 책임자인 루빈은 다음과 같이 회고한다. '선거환경이 우리 진영에 전반적으로 우호적이지 않고 TV와 다이렉트 메일에 의해 접근할 수 없는 유권자가 증가함으로써 유튜브가 이러한 문제를 해결해줄 것으로 믿었다'며, 유튜브 선거 홍보전략을 다음과 같이 소개하고 있다.23)

무엇을 해야 하는가?

▷ 지지자들을 끌어 모으고 설득 가능한 유권자에게 효과적으로 도달하기

무엇을 했는가?

▷ 유튜브를 활용해서 이질적인 유권자 집단에 타겟화된 메시지 전달하기

▷ 하루 평균 3회의 동영상 업로드와 발빠른 대응 영상 업로드 하기

▷ 선거 당일 유튜브 홈페이지 메인 화면에 민주당 전당대회를 홍보하고, 선거 전날 유권자에게 투표를 독려하기

무엇을 얻었는가?

▷ 4십7만1천명의 구독자와 2억8천9백만 뷰 확보

▷ 투표 당일 유튜브 홈페이지 메인 화면에서 40만명 이상이 투표장 검색

▷ 거의 모든 격전지에서 승리하여 오바마 대통령 재선 성공

[그림 18] 유튜브 홈페이지 메인 화면의 오바마 캠페인 :
투표 당일 투표장 검색과 연결된 점에 주목

2016년 미국 대선 후보 경선 사례

2016년 미국 대선에서도 인스타그램, 스냅챗, 유튜브, 블로그 등 소셜미디어가 판도를 흔들고 있다. 이번 대선에서 유튜브는 다른 소셜매체에 비해 사용 빈도가 낮으나, 여러 경선 후보 가운데서 공화당 도널드 트럼프 후보가 가장 많이 사용하고 있다. 아래 트럼프 후보의 유튜브 채널에서 보듯이 4만1천여명의 구독자와 2천2백만 뷰를 기록하고 있으나, 이는 오바마 대통령 유튜브 5십3만여명 구독자, 2억9천9백만 뷰에 비교하면 약10분의 1 수준에 불과함을 알 수 있다 (2016. 1월 기준). 한편 트럼프 후보는 트위터와 인스타그램을 주로 사용하는 것으로 알려지고 있는데, 그의 독특한 언행을 이슈화하여 신속하게 퍼뜨릴 수 있는 매체에 전략적으로 집중하고 있는 것으로 보인다.

[그림 19] 트럼프 후보의 유튜브 채널 메인 화면

다음으로 유튜브 사용빈도가 높은 힐러리 후보는 3만6천여명의 구독자와 8백7십만 뷰를 기록하고 있다. 그의 유튜브 가운데 가장 인기있는 동영상을 분석해 보면 흥미로운 점이 눈에 띤다. 자신의 공약을 일방적으로 강조한다기보다는 시민의 평범한 일상을 소재로 대중과 함께 한다는 이미지 부각에 공을 들이고 있음을 엿볼 수 있다. 즉 SNS의 기본에 충실하다. 2분짜리 동영상을 예로 들어 보면 여러 계층의 시민들의 평화로운 일상사나 평범한 직장인들의 모습을 10초 정도 간격으로 보여주면서, 사이사이에 본인의 생각을 인터뷰 형식으로 노출함으로써 지지자들에게 어필하는 방식이다. 그의 어떤 동영상들은 장관으로서 의회에 출석해서 토론하는 정치인 본연의 강한 모습을 보여주는 것도 잊지 않고 있다.

비록 전체적인 활용도 측면에서는 트럼프 후보에 뒤지지만 2016년 1월 기준으로 최근 한달간 업로드한 동영상이 15개에 달해, 미 대선 후보 가운데 유튜브를 가장 활발하게 사용하는 추세임에는 틀림없다.

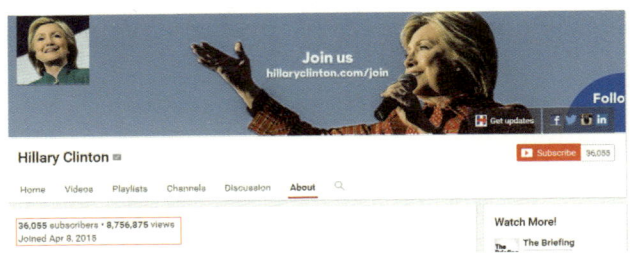

[그림 20] 힐러리 후보의 유튜브 채널 메인 화면

Getting Started | Hillary Clinton
Hillary Clinton ⊞
4,854,884

Getting Started | Hillary Clinton
Hillary Clinton ⊞
4,854,884

[그림 21] 힐러리 후보의 유튜브 동영상 화면 (4,854천 뷰)
: 평범한 미국인의 일상과 함께 하는 힐러리 후보임을 보여주고 있다.

선거 필승을 위한 유튜브 전략과 방법론

오바마 대통령을 비롯한 미국 정가에서는 유튜브를 활용해 적극적으로 유권자들에게 접근하고 있으나, 한국에서는 아직까지 유튜브에 대한 인식이 저조하다고 할 수 있다. 최근 스마트폰으로도 동영상을 제작할 수 있고 간편하게 활용할 수 있는 영상편집앱이 보급됨에 따라서 유튜브 이용자가 증가하는 추세로서, 유튜브를 선거에 효과적으로 활용하기 위해서 후보자가 기본적으로 알고 있어야 할 컨셉을 몇 가지 언급하고자 한다.

첫째, 자신의 유튜브 채널에 걸맞는 컨셉을 명확히 한다. 기본적으로 유튜브를 이용하는 고객은 누구나 독자적인 채널을 부여

받는다. 즉 BarackObama.com 이나 Mit Romm- ey's channel 등과 같이 자신만의 방송국을 갖게 된다는 의미이다. 따라서 선거에 출마하는 정치인 입장에서는 유권자에게 자신을 가장 잘 노출시킬 수 있는 컨셉을 사용하여 유튜브 채널명으로 설정하는게 효과적이다. 자신의 유튜브의 간판이라 할 수 있는 채널명이 불명확한 상태에서 아무리 많은 동영상을 올려도 시청자 수는 제한적일 수 밖에 없을 것이다.

둘째, 업로드하는 동영상의 제목에 사용할 키워드를 명확히 한다. 즉 유튜브 동영상은 타이틀이 핵심이다. 유튜브 동영상에는 최대 60자 까지 제목을 붙일 수 있다. 구글 검색엔진은 이 키워드를 정확히 인식해서 검색창에 노출시키기 때문에, 후보자가 타겟팅 하고있는 컨셉을 반영해서 적절한 키워드를 제목에 삽입할 필요가 있다.

셋째, 자신의 인간적인 면모를 보여주는 데 주력한다. 아마 한국인들은 정치인에게 거부감을 느끼는 경우가 많을 것이다. 특히나 선거철을 앞두고 이런저런 공약을 만들어 남발하고 각종 소셜 매체를 통해 알리는 데에 유권자들은 식상해한다. 따라서 자연스럽게 후보자의 평범한 일상을 소재로 하여, 그것도 재미있게 보여주는 테크닉을 발휘해 보자. 이와 곁들여 자신의 공약을 자연스럽게 노출시키거나 또는 유튜브를 자신의 블로그, 페이스북, 홈페이지 등과 연계하는 방법도 고려해 볼 수 있다.

넷째, 진정성을 바탕으로 유권자와 소통한다는 자세로 메시지를 전달한다. 선거에 임박해 그럴듯한 공약을 외쳐본들 진정성이 결여된 메시지는 유권자의 마음을 흔들지 못한다. 또한 본인의 의정활동이나 이력을 일방적으로 알리는 방법도 바람직스럽지 못하다. 진정한 소통과는 거리가 있기 때문이다. 유권자들은 자신의 이웃과 같은 친밀감 있는 후보에게 호감을 보인다. 하여 선거철에 주변에서 흔히 볼 수 있듯이 후보자를 알리는 현수막에 미소 가득 머금은 프로필 사진 일색 아니던가?

다섯째, 정기적으로 동영상을 업로드 한다. 자신이 유튜브 초보라고 생각한다면 지금부터라도 업로드 계획을 세워서 꾸준하게 실천하는 노력이 필수적이다. 요즘에는 스마트폰을 가지고 즉석에서 동영상을 촬영할 수 있고 이를 손쉽게 편집할 수 있는 앱(키네마스터 등)도 보급되어 있으니, 지역구의 평범한 일상에서 자신을 알릴 수 있는 소재를 찾아보는 것은 어렵지 않을 것이다. 예를 들어, 지역구의 전통시장 소상공인들과 함께하는 일상, 조기축구회에서 함께 뛰는 자신의 면모 등 자신을 알릴 수 있는 소재는 무궁무진하다. 문제는 실천에 있다. 오바마 미국 대통령을 닮고자 한다면 답이 보일 것이다.

제 8장

스마트폰 앱 키네마스터를
활용한 출마자 선거활동 영상
유튜브 및 소셜미디어 홍보

스마트폰 앱 키네마스터를 활용한 출마자 선거활동 영상 유튜브 및 소셜미디어 홍보

스마트폰 보유자 4천만 시대이다. 사회 전반에 걸쳐 미디어 환경은 빠르게 변화하고 남녀노소 할 것 없이 손에 스마트폰을 들고 있다. 특히 소셜네트워크 서비스에서 글자나 그림보다는 동영상을 보기를 원하고 많은 사람들이 스마트 폰에서 동영상을 보고 있는 모습을 쉽게 목격할 수 있다. 찍은 캠코더와 스마트폰의 사진을 키네마스터를 이용해 편집하여 유튜브나 SNS에 공유 많은 사람들에게 홍보 할 수 있으며, 상대적으로 전문프로그램에 비하여 사용하기도 쉽다.

키네마스터의 이해

키네마스터는 안드로이드 유일의 전문가용 동영상 편집 앱이다. 스마트폰에서 사용가능한 모든 동영상, 사진, 음악, 텍스트를 이용해서 직접 내 손으로 편집할 수 있고 모든 인터페이스를 무료와 유료로 제공하며, 편집 툴로는 미디어 브라우저에서 클라우드 폴더(구글 드라이브)를 지원하고 텍스트와 이미지, 스티커 기능, 이미지 회전 기능, 비디오이미지 좌우반전 기능, 오디오 페이드인과 아웃 설정 기능, 장면 전환 효과, 애니메이션 슬로우모션 비디오 기능 등 사진과 동영상, 음악, 음성을 편집할 수 있는 툴을 제공한다.

많은 사람들이 활용하고 있는 키네마스터는 전 세계 100여 개국의 구글 플레이 추천 앱으로 선정되었다. 편집의 모든 결과를 빠르게 확인할 수 있고 최대 Full HD(1080p)까지 지원하는 화질로 저장해 유튜브, Facebook, SNS 등에 공유할 수도 있다.

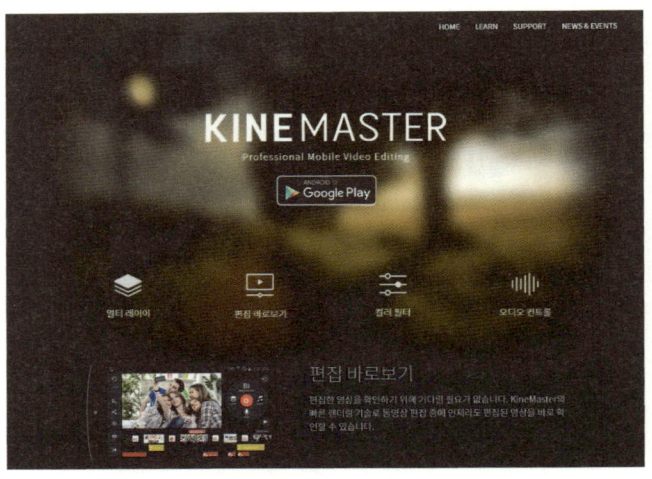

키네마스터 앱(app) 공식홈페이지

키네마스터의 특징

키네마스터는 안드로이드 스마트폰 전용 비디오 에디터이다. 재미있고 화려한 비디오를 만들 수 있도록 미디어 브라우저에서 미디어 선택, 테마 선택, 텍스트 입력, 배경오디오 선택 후 트림/분할, 클립효과, 이미지 크로핑, 색상 조정, 장면 전환 효과, 이미지 크로핑, 이미지, 스티커, 손 글씨, 배경음악, 사진추가 외에도 볼륨 상세 조정 등 다양한 비디오 편집이 가능하다.

(1) 편집 기능
테마를 이용해 다양하고 간편한 편집이 가능하고 무료이며, 유료는 광고가 나타나지 않는다.

(2) 테마 효과
테마에는 고요한, 스테이지, 여행, 가을, 뉴스, 마술, 콘서트, 포토앨범 등 다양한 테마선택이 가능하고 테마를 선택하면 영상에 시 음악·그래픽 효과 등이 자동으로 적용된다.

(3) 미디어 소스의 다양한 활용 및 전환효과
동영상, 사진, 음악, 텍스트 및 즉석으로 촬영한 영상과 녹음음성 등의 추가기능이 있으며, 영상편집 시 기본적으로 제공되는 음악과 폰에 저장되어 있는 음악 활용이 가능하고 편집을 위한 모든 인터페이스 제공, 타임라인에서의 길이 조정 삭제, 순서 바꾸기, 색상·밝기·대비·채도·음악·볼륨변경, 화려한 화면 연출 효과, 장면 전환 효과, 3D전환, 다중화면(Picture in Picture), 동영상 화면 회전, 이미지패닝·줌 기능, 나만의 개성을 살릴 수 있는 손 글씨 스티커, 폰트 변경, 스타일 효과 등이 있다. 편집하던 동영상은 자동 저장할 수 있으므로 언제든지 재작업이 가능하다.

(4) 저장 및 SNS 공유가 간편

최대 Full HD (1280 X 720)까지의 다양한 해상도로 저장 (단말기 기종에 따라 다를 수 있다), 긴 길이와 고화질 영상도 빠른 속도로 저장되며, 유튜브, 페이스북, SNS 공유 및 클라우드에 바로 업로드된다.

(5) 지원 포맷

비디오 포맷 : MP4, 3GP, MOV

오디오 포맷 : MP3, M4A, AAC

이미지 포맷 : JPG, PNG

(6) 키네마스터의 여러 가지 기능

- 클립은 최소 1초 까지 자르기 가능.

- 오디오 트랙은 테마에 포함된 배경음악을 제외하고 3개 까지 추가가능.

- '스티커 적용' → '클립 선택' → 옵션화면에서 'fx' 아이콘

클릭 → 클립효과 메뉴에서 '스티커 기능' 사용

  - 장면 전환 효과 : 최대 18초까지 가능하나 길이와 장면전환
효과 종류에 따라 달라질 수 있다.

  - 1080p로 촬영한 영상도 720p로 변환하여 편집 가능.

키네마스터를 활용한 동영상 편집 제작

  1) 키네마스터 설치하기
    ① 스마트폰 Play 스토어에서 키네마스터를 입력
    ② 키네마스터 다운로드 클릭
    ③ 다운로드 후 키네마스터 열기 클릭

  2) 키네마스터 메인화면
    ① 키네마스터 시작하기 또는 건너뛰기 선택.
    ② 시작하기는 새로운 동영상 프로젝트 편집 제작
    ③ 건너뛰기는 보관중인 동영상 프로젝트를 선택 편집 .

  3) 키네마스터 시작하기
    ① 시작하기 클릭 후 제목 입력

4) 원하는 테마 선택

　① 이미지 선택 후 다음을 클릭하면 여러 가지 테마 선택

　② 다음을 클릭

5) 타이틀 입력하기

　① 테마를 선택 후 열기, 중간, 종료 타이틀을 입력.
　　타이틀 입력 후 수정 가능, 타이틀을 입력하지 않고
　　동영상을 재생할 경우 '타이틀 입력'이 나타남.

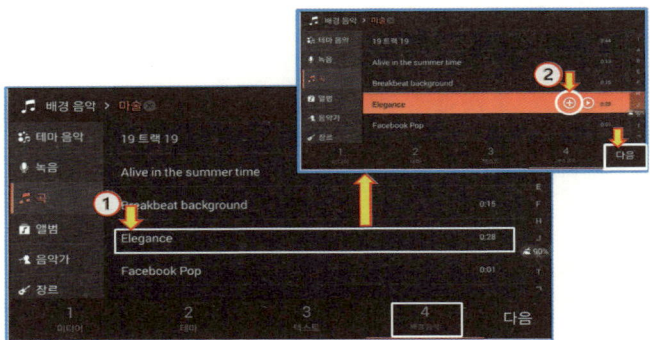

6) 배경음악 삽입하기

① 배경음악을 선택.

② 를 클릭 후 다음을 클릭하여 음악을 삽입한다.

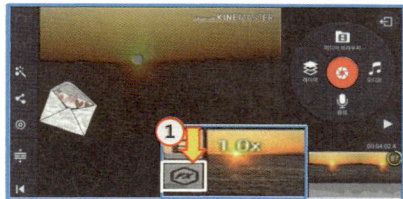 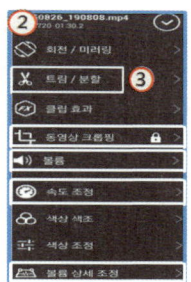

7) 키네마스터 동영상 편집

동영상 편집은 이미지 편집과 동일하다. 동영상에 추가
되는 트림/분할, 동영상 크로핑(유료만 가능), 볼륨조정,
속도조정, 볼륨상세조정에 대해서 설명하고자 한다.

8) 키네마스터 편집 동영상 갤러리 저장 및 SNS 공유 방법

① 키네마스터 메뉴에서 공유하기 클릭

② 유튜브, 페이스북, 밴드, 카카오톡 등 SNS에
공유할 수 있다.

제 9장

———

선거에서 승리하기 위한
인스타그램 5원칙

선거에서 승리하기 위한
인스타그램 5원칙

사진 공유 네트워킹 서비스인 인스타그램(Instagram)이 SNS 전통강자인 페이스북과 트위터의 위상을 뒤흔들면서 급성장을 하고 있다. 스탠퍼드대 출신 케빈 시스트롬과 마이크 크리거가 2010년에 첫 선을 보인 인스타그램은 즉석을 의미하는 '인스턴트(Instant)'와 전보를 보낸다는 뜻의 '텔레그램(Telegram)'을 조합해 만든 이름으로, "세상의 순간들을 포착하고 공유한다"를 그 슬로건으로 하고 있다.

인스타그램은 사진과 동영상이 갖고 있는 콘텐츠로서의 접근성과 영향력을 단순한 사용자 인터페이스와 방대한 콘텐츠를 기반으로 끊임없이 확대되고 있다.[4] 인스타그램이 공식 블로그를 통해 밝힌 자료에 의하면 2015년 9월 기준으로 전세계 인스타그램 사용자 수가 4억명을 돌파했고 이들이 게재한 사진 수도

---

4) [머니투데이] 입력 2015.10.13 07:03

400억 장을 넘어섰다고 발표했다. 2014년 12월의 사용자 수가 3억명이었다는 점을 고려하면 불과 9개월만에 1억명이 늘어난 수치이다.

[그림 22] 세계 축구선수들 중에서 가장 많은 팔로워를 거느리고 있는 호날두의 인스타그램

우리나라 역시 인스타그램 사용자 수가 급격하게 늘어나고 있다. DMC 미디어 자료에 의하면 2015년 말을 기준으로 만 19세 이상 59세 이하의 인터넷 이용자의 10.3%가 인스타그램을 이용하고 있는 것으로 나타났다. SNS 채널 중에서는 페이스북과 카카오스토리에 이어 3위를 차지하고 있지만 2014년 3.9%에서 1년 만에 10.3%로 증가하는 등 급격한 증가율을 보이고 있다.

인스타그램과 페이스북의 차이점

첫째, 인스타그램은 지인 중심의 친목 성향이 강한 페이스북보다 자유롭고 사적이며 자발적인 성격이 강하다. 따라서 오프라인 상의 인맥이 아니라 기존에 몰랐던 그렇지만 관심사가 같은 사람들과 소통하는 특성을 가진다. 이런 특성 때문에 연령상으로 특히 10대의 이용률이 높게 나타나고 있다.

둘째, 페이스북 사용자들이 강력한 친구 추천과 지인 태그 기능을 통해 인맥을 넓혀 간다면 인스타그램 사용자는 해시태그 기능을 통해 새로운 사람들과 친구를 맺는다. 해시태그는 우물정(#) 뒤에 특정 단어를 붙여 쓰는 것으로 SNS 사용자가 사진이나 글에 해시태그를 덧붙이면 그 콘텐츠와 동일한 해시태그를 사용한 다른 콘텐츠가 함께 검색되는 특징을 갖고 있다.

본래 트위터에서 출발한 해시태그가 다양한 SNS 채널에서 사용되고 있지만 현재 인스타그램 사용자들이 해시태그를 가장 활발하게 사용하고 있다. 인스타그램에서 자주 사용되는 해시태그 중 '#photooftheday'(오늘의사진), '#fashion'(패션) '#food'(음식) '#music'(음악) 등도 있다. 인스타그램 사용자들은 이런 해시태그 검색을 통해 똑같은 관심사를 지닌 다른 사용자들과 소통하고 있다.

셋째, 인스타그램의 또다른 인기비결은 인스타그램의 핵심기능이기도 한 필터(보정)기능이다. 인스타그램 어플리케이션은 20가지의 다양한 필터기능을 자체적으로 탑재하고 있어 사용자가 찍은 사진이나 동영상을 감각적으로 편집할 수 있도록 해 준다. 인스타그램은 시각적 부분을 강조한 대신 문자기능을 최소화했다. 사용자는 오로지 사진이나 동영상 등 시각 콘텐츠를 다른 사용자들과 공유할 수 있는데 댓글 기능을 통해 올린 사진이나 영상에 대한 설명을 덧붙일 수 있지만 이 경우에도 해시태그를 사용하는 사용자가 대부분이다. 인스타그램의 필터기능은 사용자로 하여금 창작의 즐거움을 선사한다. 일반 사용자뿐 아니라 전문 사진가들도 인스타그램을 작품도구로 활용하고 있다.

넷째, 인스타그램은 또 '인스타밋'이라는 독특한 오프라인 문화도 만들어가고 있다. 인스타밋은 1명 이상의 사용자들이 자발적으로 모여 인스타그램을 이용해 사진을 찍는 오프라인 모임이다. 날짜에 관계없이 사용자들이 원할 때 언제든지 진행할 수 있다. '월드와이드 인스타밋'이라는 행사도 매년 진행하고 있다. 지정된 날짜에 인스타그램 사용자들이 자발적으로 모임을 주최하고 자신이 거주하는 나라의 아름다운 명소를 만남의 장소로 지정해 타인과 함께 사진 촬영을 하고 공유한다.

이런 특징을 가진 인스타그램은 다양한 분야에서 활용되고 있다. 전 세계 사용자가 올리는 하루 8000만장의 사진을 통해 다른 어떤 미디어보다 유행의 흐름을 한눈에 읽을 수 있다. 이미지 속에 담긴 정보를 알아내는 분석 기술이 발달하면서, 인스타그램은 기업들에게 최고의 타깃 광고 도구로 떠오르고 있다. 예컨대 사진 속에 항상 나이키 제품을 입고 나오거나, 코카콜라를 마시는 사람을 해당 기업이 놓칠 리 없다. 인스타그램에 등장하는 패션모델에 대한 사용자의 반응을 분석하면 몇 개월 뒤 누가 패션계 스타로 떠오를지 알 수 있다는 연구 결과도 나왔다.[24] 연예기획사나 광고기획사 입장에서는 예비 스타를 발굴하는 루트가 될 수 있다는 의미다.

인스타그램의 최근 변화 양상

인스타그램의 최근 변화 가운데 빼놓을 수 없는 부분이 바로 광고 영역이다. 인스타그램은 최근 광고 API를 제3의 파트너들과 마케터들에게 오픈한다고 발표했다. 제3의 파트너들과 마케터들은 보다 자동화된 도구를 사용해 인스타그램 마케팅을 진행할 수 있다. 이전에는 인스타그램의 영업부문 대표와 접촉해야 했으나 앞으로는 그렇게 하지 않아도 인스타그램 광고 전략을 수립할 수 있게 된 것이다.

인스타그램은 최근 영향력을 전분야로 급속히 확대하고 있다. 예술, 패션, 정치 등 분야를 가리지 않는다. 얼마 전 미국 인디애나대 연구진은 인스타그램의 이미지 데이터와 첨단 컴퓨팅 기법을 활용해 차세대 패션모델의 대중적인 인기도를 80%의 정확도로 예측할 수 있다고 발표했다. 모델들이 인스타그램에 얼마나 자주 포스팅하고, '좋아요'와 '댓글' 건수가 얼마나 되는지를 통계적으로 분석해 패션모델의 성공 가능성을 예측할 수 있다는 설명이다. 패션모델의 성공과 인스타그램의 활용 사이에 연관성이 깊다는 의미로 해석할 수 있다.

예술품 경매분야에서도 인스타그램이 활용되고 있다. 세계적인 경매기업인 크리스티와 소더비는 경매 사진을 인스타그램을 통해 제공하고 있다. 사용자들은 인스타그램의 검색기능을 통해 좋아하는 예술가를 찾고 사회적 네트워크를 형성한다. 세계적인 경매업자 시몬 드 푸리는 뉴욕타임즈와의 인터뷰에서 "많은 예술계 종사자들이 인스타그램을 통해 활동하고 있으며, 소비자들이 인스타그램에서 작품을 구경한 후 마음이 들면 즉시 해당 갤러리에 전화해 작품을 구매하고 있다"고 말했다.

남아프리카공화국에 사는 로레인 루츠라는 젊은 여성은 인스타그램을 통해 아마추어 화가에서 일약 세계적인 화가가 된 케이스다. 루츠는 2013년 1월부터 매일 그림을 그리기로 마음 먹었다. 미술을 전공한 그는 그림솜씨와 창의력이 녹슬지 않도록 하기 위해 매일 한 시간씩 동전만한 크기의 그림을 그리기로 했다. 루츠는 그렇게 완성한 작은 그림을 매일 인스타그램에 공개했다. 그렇게 2년이 흐르자 그의 인스타그램에 무려 700여장의 작은 그림이 쌓였다.

이후 루츠에게 꿈같은 일이 일어났다. 루츠의 그림에 매료된 인스타그램 팔로어가 전세계에 23만명이나 생겼고 그들의 성원으로 미국 뉴욕에서 개인전을 갖게 된 것이다. 전시회에 나온 그림은 모두 팔렸고 순식간에 루츠는 유명세를 얻었다. 이후 그는 하던 일을 그만두고 전업화가가 됐다.

[그림 23] 로레인 루츠가 2014년 9월 13일
자신의 인스타그램에 올린 그림 '개미를 위한 엽서'

정치 분야도 예외가 아니다. 선거 전문 캠페인 전략가들은 앞으로 인스타그램을 중심으로 하는 소셜 미디어가 미국 대선의 전반적인 기류에 큰 영향을 미칠 것으로 예상하고 있다.

최근 들어 미국 공화당 대선후보 경쟁에 뛰어든 도널드 트럼프는 인스타그램을 선거운동에 효과적으로 활용하는 인물로 주목받고 있다. 트럼프는 젭 부시 전 플로리다 주지사를 비난하는 비디오 영상물을 인스타그램에 올리는 등 활발한 소셜 미디어 전략으로 경쟁자를 압박하고 있다.25) 도널드 트럼프 경선 캠프

관계자는 "TV, 라디오, 인쇄매체 등 전통적인 매체 광고보다는 소셜 미디어에 더 큰 비중을 두고 있다"며 인스타그램을 적극 활용하고 있는 배경에 대해 설명했다. 젊은 유권자들이 많이 사용하는 인스타그램을 적극 활용하는 게 젊은 유권자를 끌어들이는데 효과적일 것이라는 인식을 갖고 있는 것이다. 트럼프는 전통적인 선거운동과 달리 신문, TV를 통한 광고를 전혀 하지 않는 대신 소셜미디어, 그 중에서도 인스타그램 활용에 전력을 기울이고 있다.26)

[그림 24] 도널드 트럼프의 인스타그램

2015년에 실시된 캐나다의 총선은 선거에서 인스타그램을 포함한 소셜미디어의 전략을 어떻게 설정해야 하는지 잘 보여주고 있다. 총리 후보는 세 사람이었지만 판세는 현직 총리인 보수당의 스티븐 하퍼와 자유당의 쥐스탱 트뤼도로 압축되었다. 트뤼도 총리의 승리로 끝난 선거는 사실상 소셜미디어가 판도를 바꾸었다. 선거가 본격화된 2015년 9월 1일만 해도 트뤼도 후보는 소셜미디어 사용에서도 뒤져 있었다. 사실 하퍼가 팔로워에서 앞선 것은 현직 총리라는 프리미엄이 작용한 탓도 컸다.27)

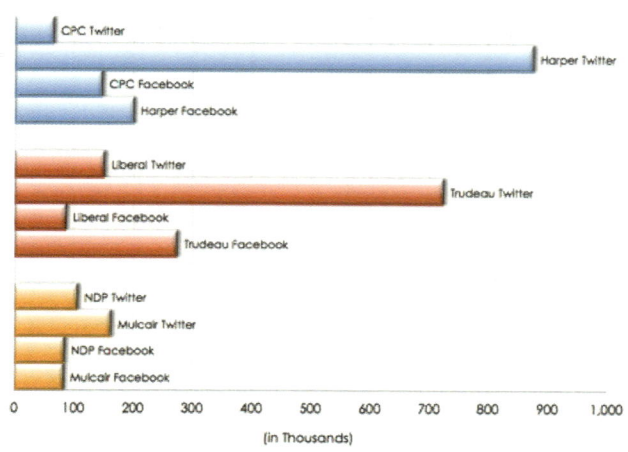

[그래프 13] 2015년 9월 1일 캐나다 세 총리 후보의 SNS 패턴

현직이라는 프리미엄을 갖고 있는 하퍼 후보가 패배한 데는 여러 가지 이유가 있지만 SNS를 그 특성에 맞게 사용하지 못한

점이 크게 작용했다. 하퍼는 인스타그램을 사용했지만 유권자와 소통을 위한 도구로서가 아니라 정치기금을 모으기 위한 후원광고 채널로 활용했다. 아마도 대통령 선거에서 인스타그램을 통해 스폰서드 광고를 사용한 첫 번째 사례로 기록되겠지만 이는 인스타그램이라는 SNS 채널상의 특성을 간과한 것이다. 인스타그램을 통한 후원광고는 콘텐츠는 그 내용은 둘째치고라도 사용자들의 눈에 부담스러운 콘텐츠로 각인될 수 있다.

하퍼와 보수당은 또한 메시지 내용에서도 "지금은 증세할 때가 아닙니다. 결코 증세를 해서는 안 됩니다."라고 한 뒤 "동의하면 공유하세요"라는 내용을 게시했다. 이 게시물 내용에 대해서는 찬반여론이 있을 수 있지만 최소한 이 정책에 반대하는 사람들의 입장에서 볼 때 크게 거슬리는 내용이 될 수 있다.

그에 반해 자유당과 트뤼도 후보는 선거 초기에 소셜미디어 넘버 수가 보수당에 뒤졌지만 그 갭을 좁혀가고 있었다. 거기에는 트뤼도의 개인 SNS 계정의 역할이 컸다. 트뤼도와 자유당은 선거 기간 동안 그들의 주요 목표를 정책이 아니라 호감도를 높이는데 주력했다. 물론 정책적인 사안을 전혀 다루지 않은 것은 아니지만 전체적인 톤을 감성적 가치지향적인 메시지로 끌고 갔다. 트뤼도는 특히 '운동'(movement)과 '포용'(inclusivity)이라는 단어를 자주 썼다. 그는 연설을 하게될 경우 '함께 어우르다'(stand with)나 '캐나다인들과 함께 뭔가를 이루어나가는'(building something together with Canadians.) 식의 표현을 자주 썼는데 이러한 전략은 주효했다. 또한 자유당은 선거

막바지에 #GenerationTrudeau라는 해시태그를 활용했다. 이는 일반 대중과 심지어 자유당 지지자들에게까지 부분적인 반발을 가져오기도 했지만 대학 캠퍼스와 젊은층의 표심을 끌어당기는 데는 주요한 역할을 했다.

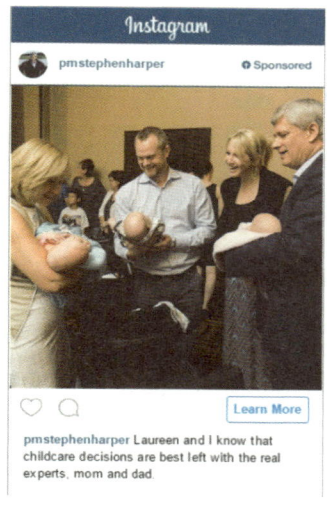

[그림 25] 보수당 하퍼 후보가 활용한 인스타그램

트뤼도는 특히 인스타그램을 잘 활용했다. 비록 본인이 직접 포스팅을 한 것은 아니지만 하퍼나 다른 후보에 비해 더 친근감 있고 개인적인 콘텐츠를 많이 활용해서 보좌관이 했다는 느낌을 희석시켰다. 사람들 간의 관계에 있어서 신체적인 매력은 다른 사람들의 관심과 호감을 이끌어내는 데 가장 강력한 요소로 작용한다. 흔히 "외모는 단지 껍질일 뿐이다"고 말을 하지만 외형적 매력은 다른 사람들의 호감을 매우 쉽게 이끌어낸다. 그리고 신체적 매력에 대한 고정관념은 단순히 외모 수준에 그치지 않는다. 흔히 잘 생기고 매력적인 사람은 더 따뜻하고, 더 친절하며, 더 지적이며 더 성공적인 사람일 것으로 판단하는 경향이 있다. 이런 요소를 잘 활용한 정치인이 바로 트뤼도이다.

[그림 26] 트뤼도가 활용한 인스타그램 사진의 특징

　선거에서 사진의 의미는 대단히 중요하다. 2013년 선거에서 뉴욕 시장이 된 드 블라시오는 사진을 잘 활용한 후보로 알려져 있다. 블라시오는 학생시절의 자유분방한 모습, 그리고 대학시절 대학 등록금 인상에 항의하는 모습들을 담은 사진을 잇달아 올렸다.[5] 이에 유권자들은 이러한 드 블라시오의 젊은 시절 사진을 통해 나름의 이미지를 만들어내고(여기서 만든 이미지는 바로 그 시대의 이미지와 일치해야) 나름의 상을 형성한다. 그리고 이러한 상은 후보의 이야기를 지속해서 재생산하게 만든다. 다만 젊은 시절의 사진은 현재의 후보가 표방하는 정책, 이미지와 일치할 필요가 있다. 이것은 후보자가 걸어온 길의 일관성을 보여줌과 동시에 신뢰를 쌓아가고 지지층을 결집시키는 역할을 한다.

[그림 27] 1981년 4월 30일 대학 등록금 인상에 항의하는 블라시오의 모습

사진이 중심이 된다는 점에서 인스타그램은 글이 중심이 되는 트위터와 상반되는 성격을 지녔다고 할 수 있다. 특히 트위터를

---

5) http://acase.co.kr/2013/11/05/campaign12/

하다가 인스타그램으로 SNS 채널을 갈아탄 사람들은 트위터에서 쏟아지는 글, 특히 정치 관련 글에 거부감을 느낀 사람들이 많았다. 이렇게 볼 때 인스타그램의 콘텐츠는 정치, 사회적 현안보다 일상을 공유하고 보다 감성적인 내용이 필요하다.통을 더 중시한다. 따라서 더욱더 감성적인 접근이 필요한 SNS이기도 하다.

정치 컨설턴트인 포첵서의 비법서 러닝 포 오피스(Running for Office)는 선거시 후보자들의 사진 활용법을 다섯 가지로 제시한다. 이는 유권자들에게 어필될 수 있는 사진의 다섯 가지 조건을 말하는데, 이러한 기준들은 사진과 동영상을 주로 하는 인스타그램에도 그대로 적용될 수 있기에 아래에 나열하였다.[28]

첫째, 인물 사진(portrait shot)을 강조해야 한다.

둘째, 후보의 인생에서 가장 중요한 사진을 활용해라. 2013년 뉴욕 시장 후보였던 드 블라시오가 학창시절의 빛바랜 사진을 활용한 것은 좋은 예라고 할 수 있다.

셋째, 사람들과 함께하는 사진(the people shot)을 많이 올려라.

넷째, 정치적인 활동과 관련된 사진을 올릴 때는 정적이고 엄숙한 모습보다는 출마중인 공직과 관련해 바쁘게 일하는 모습을 강조해라.

다섯째, 가족 사진(family shot)을 잘 활용해라.

드 블라시오는 가족 구성원들의 특징, 특히 흑인 부인과 혼혈 아들 등 다문화적 요소를전면에 내세워 주요한 전략으로 활용했다. 즉 흑인 아내와 함께 혼혈아 자녀들과 함께하는 다문화가정의 모습을 부각시킴으로서 아프리카계 미국인들의 지지를 받아내고 더불어 뉴욕 중산층의 책임있는 가장으로서의 이미지를 구축하는데 성공했다. 드 블라시오의 경우 불평등의 문제를 주요 선거 캠페인으로 사용하는 등 다양한 진보적인 정책들을 공약으로 내걸었으면서도 광범위한 뉴욕 시민의 지지를 받은 것은 이런 인간적인 면모가 크게 작용했기 때문이다.

2016년 선거에서의 인스타그램

퓨리서치연구소에 따르면 인스타그램은 가장 성장세가 빠른 소셜미디어로 나타났다. 2013년 페이스북을 사용하는 사람들 중에서 인스타그램 이용자가 2013년 16%에서 2014년에는 23%로 급증했다. 특히 18세에서 29세 사이의 페이스북 이용자의 53%가 인스타그램을 이용하고 있는 것으로 나타났다. 이런 성장세 때문에 2016년은 최초의 인스타그램 선거가 될 것으로 예견되기도 한다.[29)30)]

한국에서는 인스타그램이 독립적인 선거전략 채널로 인식되지 못하고 있다. 이러한 인식을 바꾸어야 선거에서 승기를 잡을 수 있을 것이다. 인스타그램이 선거에서 유용한 것은, 페이스북과 바로 연결되어 있어서 하나의 아웃렛(입력수단)을 통해 두 가지 채널이 일을 같이 하게 된다는 점이다.

제 10장

네이버 모두(modoo!)

모바일 홈페이지 활용

후보자 홍보

네이버 모두(modoo!)
모바일 홈페이지 활용
후보자 홍보

대한민국 국민 4,000만 명이 모바일로 인터넷을 이용하는 모바일 시대이다. 모바일 기기는 인터넷 트렌드를 획기적으로 바꾸고 있다. 언제 어디서든지 웬만한 업무는 스마트폰으로 처리하는 시대가 되었다. 즉 대부분의 고객이 모바일 앞에 모여 있다는 것이다.

이러한 모바일 시대에 유권자에게 자기를 알리기 위해서 가장 기본이 되는 것이 모바일 홈페이지를 구축하는 것이다.

예시로, 네이버 검색창에 '상생자문단' 이라고 검색하면 "농식품 상생자문단 최재용"이라는 네이버 모두로 만든 모바일 홈페이지가 나온다.

유권자가 네이버에서 "00지역 국회의원후보" 라고 검색하면 바로 모바일 홈페이지가 검색되어서 나오게 할 수 있다.

기존의 홈페이지는 전문가가 아닌 일반인이 수정하기가 어려웠으나 모두 모바일홈페이지는 출마자나 보좌관이 직접 내용이나 사진을 수정할 수 있다.

[그림 28] '상생자문단' 검색시 원하는 모바일 홈페이지가 노출되게 할 수 있는
'네이버 모두(modoo!)'

네이버 모두(modoo!)란?

네이버 모두 모바일 홈페이지의 장점은 누구나, 쉽게, 무료로 만드는 모바일 홈페이지이다.

네이버 아이디만 있으면 간단하게 회원 가입 후 무료로 홈페이지를 만들 수 있다.간편하게 만들 수 있도록 다양한 업종별 템플릿이 제공된다. PC와 모바일에 자동 적용되는 반응형 홈페이지로 모바일에서도 수정, 편집이 가능하다.

네이버 검색 등록이 자동으로 되며, 지도 검색 등록도 간단히 할 수 있다. '내 모바일 홈'에서 바로 고객들과 실시간 대화를 할 수 있는 채팅창인 네이버 톡톡서비스가 제공된다.

모바일 홈 홍보가 가능한 미니 간판 및 라벨 스티커를 인쇄하여 사용할 수 있다. 또한 스케쥴 기능으로 일정 및 예약관리를 편리하게 할 수 있다.

출마자 모바일 홈페이지 제작

1) 사이트 시작하기

네이버에서 모두를 검색하고 modoo![모두] 시작하기 버튼을 클릭한 후 네이버 아이디로 로그인한다.

2) 추천 템플릿 선택

제공되는 업종별 맞춤 템플릿 중에서 선택한다.

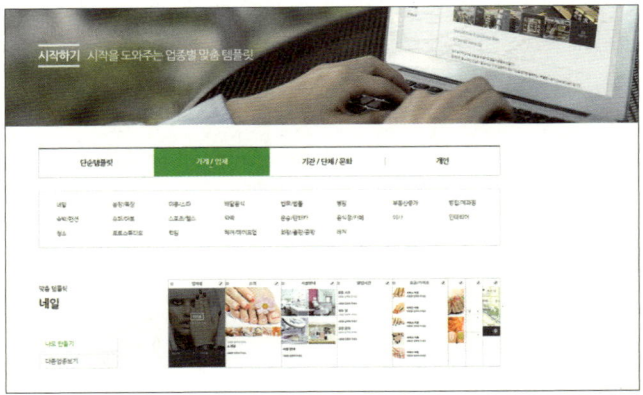

3) 정보 관리를 클릭하고 사이트 필수정보, 검색정보, 연결정보, 하단 정보 등을 기재한다.

4) 메뉴 및 페이지 구성

모두 에디터는 사이트 전체 관리를 하는 사이트 영역, 개별 사이트 관리를 하는 메뉴 영역, 페이지 편집을 하는 페이지 영역으로 구성되어 있다. 홈페이지를 구성하는 메뉴 및 페이지를 만드는 방법: 메뉴 영역에서 필요한 메뉴를 추가 또는 불필요한 메뉴를 삭제하고 각 메뉴에 해당하는 페이지를 추가 또는 삭제하여 원하는 홈페이지를 구성한다.

5) 구성요소로 페이지 만들기

각 페이지를 클릭한 후 텍스트, 이미지, 지도, 버튼, 표, 동영상, 구분선 등 페이지의 구성요소를 활용하여 원하는 페이지를 만들고, 페이지 구성요소를 클릭하고 상세 내용을 기재하면 페이지 구성이 끝난다.

6) 사이트 반영

페이지 구성이 끝난 후 하단의 홈페이지 반영 버튼을 누르면 사이트에 반영되고 자동으로 네이버에 검색등록이 된다.

제 11장

———

선거에 있어서의
SNS 위기관리

선거에 있어서의 SNS위기관리

바둑의 격언 중에는 '묘수를 자주 두면 결국은 진다'는 말이 있다. 묘수는 결국 꼼수에 해당이 되는데 자주 두다보면 상대방이 수를 읽게 되며 패인으로 작용한다는 말이다. 선거에 있어서도 마찬가지다. 묘수 보다는 정정당당한 정공법이 승부의 관건이 되는 것이다. 선거를 치르다 보면 매번 위기가 오는데 특히 SNS 위기관리는 제대로 대응치 못하면 큰 낭패를 보게 된다. 위기가 올 때 적당히 그 위기를 넘어가려는 '묘수'를 남발하는 것보다는 진정성에 바탕을 둔 정직하고 투명한 소통이 요구된다. 그래서 SNS소통의 중요성이 지속적으로 부각되고 있는 것이다.

기업 또는 국가는 수시로 위기를 맞이한다. 2010년, 환경단체인 그린피스와 글로벌 회사인 네슬러(Nestle)가 한판 승부를 벌였다. 기업가에게는 그린피스 같은 회사가 큰 골칫거리일 수 있다. 그린피스는 네슬러가 초콜릿바 생산을 위해 인도네시아 열대우림 지역의 야자수 나무들이 벌목되고 그로인해 오랑우탄이 살 곳을 잃었다는 내용의 동영상을 만들어 유포했는데 이 동영상은 전 세계인의 심금을 울렸다. 네슬러는 당황했다. 그리고 힘의 논리를 사용하기로 했다. 법무팀을 가동하여 법원의 명령을 통해 강제로 동영상을 내리게 하고 더이상 야자수 기름을 사용하지 않겠다고 기자회견을 통해 발표를 했다. 그런데, 가만히 패배를 인정하고 물러갈 그린피스가 아니었다. 자신들의 동영상을 내린 사실을 알리기 위해 감성에 호소하는 SNS호소 전략을 구사하자 유튜브의 동영상 내용을 몰랐던 고객들은 소위 '갑질'에 분노하며 그린피스를 지지하고 나섰다.

[그림 29] 관련 유튜브 영상 캡쳐

두 번째 위기는 네슬러의 전형적인 고압자세로 인해 발생했다. 펜페이지를 통한 비난이 들끓자 자사의 펜페이지를 삭제한 것이다. 분노한 고객들은 동영상을 전세계에 유포하며 거세게 저항을 했다. 당연하게 그 동안 공들인 네슬러의 기업가치와 신뢰도는 우르르 무너져 내리고 말았다. 네슬러는 두 번씩이나 같은 사건에 대해 '갑'의 위치에 서고자 했다. 힘의 논리로 고객을 무시하는 행동을 한 것이다. 위기시 가장 중요한 것은 적절한 커뮤니케이션을 하는 것이다. 네슬러의 교훈은 선거에도 그대로 적용이 된다.

네슬러 사태에서 보듯이 인터넷 중심의 디지털 미디어가 세계를 지배하는 세상이 되었다. SNS는 치장의 도구가 아니라 아주 긴요한 소통의 도구가 된 것이다. SNS위기가 닥치면 대부분 당황하게 된다. 그런데 그 '위기'가 어떻게 발생되고 확산 되는지 본질을 제대로 이해하면 전세계에 연결된 SNS망에서 사소한 사건이 폭풍이 되어 피해를 주는 일은 없을 것이다. '위기'를 제대로 '관리'하고 '대처'하지 못하면 더 큰 위기가 쓰나미처럼 몰려오게 되고 "어? 어?!" 하는 사이에 선거의 판은 뒤집어지게 마련이다.

현대사회는 '위험 사회'라고 정의를 내리는 학자들 수가 증가하고 있다. 이제는 미래를 예측하기가 두렵다는 푸념을 늘어놓는 학자들이 많은데 이는 미래 예측을 하기가 점점 더 어려워졌기 때문이다. 선거의 결과를 예측하는 것도 그리 만만한 일은 아니다. 도처에 위험이 도사리고 있으며 언제든 '위기'가 갑자기 닥쳐올 수 있기에 미리미리 대비하는 것이 매우 중요하다. 여름철

홍수에 대비하려면 먼저 둑을 쌓는다. 도둑의 침입에 대비하려면 CCTV장치와 보안 시스템을 구축한다. 마찬가지로 선거에 있어서 SNS위기에 대처하려면 선거를 치루는 당사자와 참모들 모두가 '위기관리 능력'을 갖추기 위하여 공부하고 노력을 해야 한다. 이 위기중 가장 대처하기 힘든것이 바로 'SNS위기'이다. 이 'SNS위기관리 능력'을 갖추고 있어야 위기 발생시 그 피해를 최소화할 수 있다. 'SNS위기관리 능력'이 부족한 정치인은 이유도 모르고 선거에서 참패를 당하기도 한다.

인터넷 시대의 위기는 과거의 위기와는 매우 다른 양상을 띠고 있다. 대부분의 정치인들은 위기 그 자체에 주목을 하며 위기 때 어떻게 '커뮤니케이션'을 해야 하는지 알지 못한다. 배우지 않았기 때문이다. 설사 배웠다 하더라도 수박 겉핥기식으로 대충 배워서 SNS를 사용하고 있는 것이 보편적인 실정이다. 위기를 극복하는 힘은 무엇일까? 그건 바로 커뮤니케이션 능력이다. 선거에 임하는 정치인들이 위기를 맞이했을 때 어떻게 징후 파악을 하고 어떤 대응전략을 구사하는 것이 맞는지 고민해야 한다.

SNS위기관리 커뮤니케이션 십계명

SNS 담당자를 선정하라
정직하게 대하라
사실을 근거로 공손히 대응하라
위기발생시 가능한 빨리 대응하라
감성에 호소하는 커뮤니케이션을 구사하라
자료를 늘 수집하고 가까이 하라
잘못이라 판단된다면 변명보다는 정중히 사과하라
여성층, 청년층의 SNS소통을 바르게 이해하라
자신이 콘트롤타워의 중심에 서라
상황종료를 하지마라. 늘 깨어 있으며 긴장하라

아래에서 하나씩 자세히 살펴보기로 하겠다.

1. SNS 담당자를 선정하라

선거 때만 되면 부랴부랴 SNS전략을 논의하는 후보들이 있다. 이들은 평소에 SNS에 친숙하지 않으며 그나마 자신의 페이스북, 블로그 등에 올리는 글도 자신의 치적이나 공약들만 올려 놓는다. 이는 그 컨텐츠의 내용을 반기지 않게 하는 원인이 되며 스스로 발목을 잡는 이야기를 올려 놓는 결과가 되기도 한다.

SNS담당자는 후보자와 가장 가까운 곳에서 일거수일투족을 관찰하며 글을 포스팅하는 역할을 수행하고, 상대방의 비방내용을 분석하는 일을 하기도 한다. SNS담당자는 다양한 SNS(페이스북, 트위터, 밴드, 블로그, 인터넷카페, 인스타그램, 유튜브 등)를 능수능란하게 다룰 줄 아는 사람이어야 한다. 그런데도, SNS를 대신 써 주는 알바를 채용하는 후보들을 보면 측은한 마음이 들기도 한다.

SNS담당자는 후보자의 온라인 대변인이다. 후보자를 보호하고 상대방의 공격에 유연하게 대처하는 역할을 수행해야 한다. 후보자는 매일 SNS담당자와 긴밀하게 접촉하며 다양한 의견을 교류해야 한다. 가능하다면 늘 같이 동행하는 것이 좋으나 여건이 허락치 않으면 오전과 오후 두 차례는 꼭 함께 의견을 나눌 필요가 있다.

2. 정직하게 대하라

정직이 최선의 정책이라는 말이 있다. 투명한 사실에 근거한 대응을 해야 하는데 실수로 과장되게 발표하면 다양한 SNS공격을 받게 되며 수습이 곤란해지기도 한다. SNS의 중요성을 모르는 정치인의 경우 자신의 블로그에 올라온 비방성 글의 존재조차 눈치채지 못하고 몇 달을 흘려보내기도 한다. 또한 모든 SNS의 소통은 일관성을 유지해야 한다. 자신의 입장이 바뀌게 되면 그때마다 합리적으로 설득하는 노력이 필요하다.

3. 사실을 근거로 공손히 대응하라

객관적이고 사실적인 자료를 충분히 제공하더라도 종종 오보가 발생하기도 한다. 특히 SNS의 특성상 잘못된 정보의 유출은 상대방 후보가 간절히 바라는 반격의 빌미를 제공해 줄 수 있다. 오보가 발생하면 관련 통계 및 자료에 근거하여 국민들에게 공손히 설명을 해야한다. 후보자가 아무리 공손하게 행동을 한다고 하더라도 유권자는 교만하다고 느낄 수 있다. 하지만, SNS소통에서는 연습에 의해 얼마든지 공손한 문체를 사용할 수도 있다.

4. 위기발생 시 가능한 빨리 대응하라

위기발생 시 대처하는 시점이 늦을수록 후보자에게는 매우 불리하게 작용을 한다. SNS의 특성상 위기와 쟁점은 아주 빠른 속도로 확산이 되기 때문에 위기 징후가 포착되면 즉각적으로 정확한 사실을 알리는 노력이 필요하다. 때때로 '무대응'이 최고의 방법이라고 오해하는 경우도 있는데, 이는 여론과 상황의 변화를 지켜본 후 천천히 대응수위를 정하자는 오프라인 뉴스 시절의 행태라고 판단된다. 후보자들은 이런 '무대응'을 신중하게 대처하는 것이라고 생각을 하기도 한다. 하지만, 이런 무대응은 유언비어를 확산시키며 위기를 더욱 크게 만드는 요인으로 작용한다.

5. 감성에 호소하는 커뮤니케이션을 구사하라

감성이 크게 작용하는 시대가 되었다. 두 주먹 불끈 쥐고 허공을 향해 구호를 외치며 이동용 트럭에 올라서서 목이 쉬도록 자신의 주장을 되풀이 하는 후보자들이 매번 선거 때마다 등장한다. 하지만 이보다 더욱 중요한 것은 감성터치이다. 선거철만 되면 후보자들은 재래시장을 찾아 재래시장의 상인들과 사진을 찍고 그것을 SNS를 통해 유포한다. 그러면 그것을 본 유권자가 마음을 과연 열까?

결코 그렇지 않다. 유권자들은 후보들이 생각하는 것처럼 어리석지 않다. 후보자들의 평소 모습을 기억하고 있는 것이다. 차라리 직접 동네의 공중화장실을 찾아 시민들과 함께 2시간 이상의 청소를 깨끗이 하는 것은 어떨까? 동행한 유권자 중에서 누군가는 그 사실을 SNS를 통해 유포할 것이다. 이때가 SNS를 통한 홍보를 해야 하는 타이밍이다. 그들의 글을 자신의 SNS계정으로 옮겨와서 고맙다는 인사를 하라. 많은 유권자들이 감동을 받게 될 것이다.

6. 늘 자료를 수집하고 가까이 하라.

SNS담당참모는 업무를 꿰뚫고 있어야 하며, 후보의 핵심자료를 완벽하게 파악하고 있어야한다. 후보자와 관련된 과거의 사건, 신상명세, 가족관계, 친구관계, 종교관, 취미 등을 확실하게 알고 언제든지 일관된 답을 할 수 있어야 한다. 위기 발생시에는 후보자가 직접 대응을 하려고 하지 말고 SNS담당참모와 논의 후 대응시기와 수위를 정하도록 해야 한다. 그 대응은 철저하게 자료에 근거해 진행한다.

7. 잘못이라 판단된다면 변명보다는 정중히 사과하라

위기와 친숙하지 않은 후보자는 위기가 닥쳐오면 당황하며 대응을 제대로 하지 못한다. 평소 위기에 대한 대비훈련이 되어 있지 않은 후보는 SNS로 인한 위기가 닥쳐오면 변명을 하기에 급급하다. 반면에 유권자와 지속적인 SNS소통을 해 온 후보자는 정중하게 사과하며 자신의 진솔한 모습을 보이게 된다. 위기가 왔을때 분노하기 보다는 '자신이 성장할 수 있는 절호의 기회가 왔다'라고 외치고 유권자에게 당당하게 다가가라.

8. 여성층, 청년층의 SNS소통을 바르게 이해하라

TV, 신문 등의 매체는 이제 그 영향력을 상실하고 있다. 적어도 선거에 있어서 영향력은 SNS의 활용유무에 따라 다르게 나타난다. 더구나 최근에는 모바일을 통한 소통이 지배적인데 여성층과 청년층의 모바일 소통이 크게 늘고 있는 추세이다. 장년층 및 노년층은 TV, 신문등의 기존매체에 의존하는 경우가 많으며 자신의 정치적 성향을 쉽게 바꾸지 않는다. 반면에 여성층 및 청년층은 그 선호도가 수시로 변하는 특성이 있다.

선거일이 다가와서 시간이 촉박해 지면 온라인으로 여론을 만들 수 있는 파워블로거, 트위터리안, 페이스북 활용 능력자등과의 지속적인 관계를 형성해 가야 한다. 이들에게 차별화되고 정확한 정보를 지속적으로 제공하면 위기 때에 이들의 도움으로 쉽게 탈출을 할 수 있다.

9. 자신이 콘트롤타워(상황대응 지휘본부)의 중심에 서라

모든 위기에는 징후가 있다. 위기는 그 모습을 드러내기전 아주 미약한 신호를 보낸다. 그런데, 콘트롤타워에 후보자가 아닌 참모가 자리하고 있는 경우 그 신호를 읽는 능력이 부족하게 된다. 힘들고 어렵다고 하더라도 본인이 스스로 모든 정보의 중심에 서야 한다.

자신이 콘트롤타워의 중심에 서면 위기의 양상과 경중을 제대로 파악할 수 있게 된다. SNS로 인한 위기가 오고 있는데도 그걸 눈치채지 못하면 치명적인 충격을 입게 되고 결국에는 패배하는 아픔을 가지게 된다. 만일 본인이 콘트롤타워에 서기 힘들 경우에는 배우자나 자녀 중 한명을 지목하여 늘 후보자와 함께 다니며 객관적으로 상황을 파악하도록 부탁하는 것도 하나의 방법이다.

10. 상황종료를 하지 마라. 늘 깨어 있으며 긴장하라

위기를 해결하면 안도의 한숨을 쉬게 된다. 하지만 큰 지진이 일어나기 전 여진이 발생하는 것에 주목하라. 비슷한 위기가 재발하지 않도록 안전장치를 튼튼하게 준비해야 한다. 예방책 마련을 위해 다양한 분들과 SNS를 통한 커뮤니케이션을 활발히 진행해야 한다. 위기 발생부터 극복까지의 경험으로 후보자가 SNS를 통한 대처능력을 키우게 되며 투표일까지 긴장하며 깨어 있게 하는 동인으로 작용한다.

위기관리 커뮤니케이션 운용의 예

SNS 콘트롤타워	김OO (후보자)	배우자나 자녀로 대체 가능
SNS 총괄 담당자	양OO	다양한 SNS를 잘 다루는 전문가
SNS 서포터즈	박OO	여성 장년층 담당
	최OO	여성 노년층 담당
	오OO	여성 청년층 담당
	송OO	남성 장년층 담당
	주OO	남성 노년층 담당
	조OO	남성 청년층 담당
	진OO	컨텐츠 작성 담당
	강OO	후보자의 동선 파악 및 전화연락 담당
	방OO	경쟁후보의 흑색선전 분석담당
	채OO	후보자의 통화기록 담당 (문서화)
	윤OO	행사진행 담당
	임OO	오프라인 매체 분석 담당

위의 예는 위기관리를 효율적으로 하기 위한 운용의 예이다.
각 담당자가 해야 할 역할과 책임을 분명하게 할 필요가 있다.

온라인 위기 커뮤니케이션의 10가지 원칙

블로그를 개설하라

예비후보로 등록한 후보자는 급하게 자신의 홈페이지를 개설하고 화려하게 꾸민다. 마치 홈페이지를 근사하게 꾸며야 많은 방문자들이 유입 될 것이라고 오판을 하기 때문이다. 그러나 이제 소통의 중심은 블로그가 되고 있다. 아무리 긴글이나 사진, 동영상을 추가해도 블로그는 제약이 없기 때문이다. 블로그에 포스팅을 한 후 그 내용을 타 SNS에 연동하는 것이 필요하다. 블로그의 글은 타 인터넷 카페나 타인의 블로그로 가져가기 할 수가 있으며 페이스북, 트위터, 카카오톡, 라인 등으로 모셔갈 수 있다. 정보의 중심을 블로그로 해야 하는 이유이다.

페이스북 페이지를 개설하라

페이스북은 개인 계정의 경우 편리함은 있으나 일정 인원이 되면 더 이상 친구를 받을 수 없다. 현재는 최고 5천명까지의 친구만 허용하고 있다. 자신이 후보자라면 페이지를 개설하여 다양한 소통을 하는 것이 필요하다. 페이지의 글은 몇 명에게 전파가 되었는지 알 수 있으며 광고료를 페이스북에 지불하면 타겟층에게 뿌려주는 기능을 활용할 수 있다. 그런데, 페이스북 페이지 개설시 주의사항이 있다. 바로 이미지의 숫자를 4장이상 사용하지 않는 것이 가독성을 높여 준다는 것이다. 가능하다면 필자와 같이 한 장의 이미지에 정보의 요약을 전달하는 썸네일 제작 기법을 배우길 바란다. 유권자들은 긴 글보다는 호소력이 있는 짧은글에 반응하며 한 장짜리 이미지에 각인이 되기 때문이다.

(참고페이지: 페이스북 검색 - "양성길의문화산책")

트위터로 소통하라

과거에 비해 트위터의 영향력은 확실하게 줄어들었다. 하지만 여전히 선거에서 트위터의 영향력은 존재한다. 트위터의 장점은 140자로 표시되는 강력하며 짧은 메세지이다. 이 140자를 잘 쓰기 위해서는 글쓰기 특강을 받을 필요가 있다.

자신의 주장과 근황을 트위터로 알려보자. 긴글로 자신의 생각을 표현했던 후보자라면 140자가 상당히 짧다고 느낄 것이다. 하지만 짧은 문장에 자신의 생각을 담아내는 훈련을 하는 것은 SNS홍보마케팅의 기초이다. 아울러 팔로워가 10만 명 이상 되는 트위터리안을 평소에 가까이하여 그의 채널을 사용해보길 권한다. 생각지도 않게 많은 지지자를 확보하게 될 것이다.

당신이 거리 유세를 하게 되면 "오늘 오후 2:00부터 OO광장에서 OO당 후보 홍길동님의 거리 연설이 있습니다. 응원해 주시면 감사하겠습니다."라는 짧은 글을 거리유세 2시간 전부터 트위터로 알리는 것을 추천한다. 선거유세에서 트위터의 실시간성과 소통능력이 강력한 효과를 발휘할 것이다.

인스타그램을 활용하라

20대와 30대의 유권자와 소통하고 싶은가?

만일 그렇다면 인스타그램을 사용하라. 강력한 메세지를 담은 이미지 한 장에 유권자는 환호하게 된다. 인스타그램은 자신이 원하는 온라인의 공간으로 유도하는 웹주소 바로가기(url)를 설정할 수 없다. 따라서 인그타그램을 통한 홍보를 할 때에는 조금 다르게 문구를 작성해야 한다.

카카오스토리의 장점을 이해하라

카카오스토리는 특히 40대 이후의 중년층에게 효과적인 소통 수단이다. 이들은 폐쇄 SNS망에서 그들만의 대화를 이어가며 SNS를 즐기고 있다. 카카오스토리에 후보자가 내용을 포스팅하는 요령은 페이스북 페이지의 경우와 흡사하다. 특히 중요한 것은 많은 지역구 유권자들을 카카오스토리 친구로 삼는 것이다. 아울러 적당히 해시태그(hash tag)를 사용할 줄 알아야 한다. 그래야 유권자들에게 검색 당할 수 있다. 카카오스토리를 통한 홍보를 할 때에는 자신을 알리는 것만 하지 말고 지역의 다양한 소식을 함께 전하는 통로가 되도록 하는 것이 바람직하다.

후보자는 자신이 어떠한 사람인지 정확하게 밝혀야 한다.

때로는 두루뭉술하게 자신을 표현한 경우가 있다. 하지만 SNS시대에는 숨기려고 해도 다 밝혀지는 세상이 되었다. 자신의 학력이 상대 후보에 비해 낮은 것 같다고 하여 학력을 숨기거나 기록하지 않는 것은 바람직하지 않다. 당당해져라. 그게 답이다. 내가 걸어온 길과 앞으로 어떤 일을 하고 싶은지를 객관적으로 기술하라.

공감하라

'좋아요' 라고 표현되는 공감은 소통의 기본이다. 타인의 페이스북, 블로그 등에 접속해서 글을 읽었다면 잊지 말고 공감하라. 일부 후보자들의 경우에는 자신의 주장만 부지런히 포스팅하는 경우가 있는데 이 경우 유권자들은 그 글을 외면하게 된다.

신속 대응하라

온라인은 24시간 가동하는 공간이다. 쉬는 사이에 쟁점이 발생하여 후보자에게 불리하게 작용할 수도 있다. 이는 SNS소통의 기본이 되는 사안으로 선거기간에는 스마트폰을 끼고 살아라. 스마트폰을 늘 가까이 하는 후보자가 생존하는 세상이 된 것이다.

맞서지 마라

SNS를 통해 온라인에 있는 유권자들을 가르치거나 맞서려고 해서는 안 된다. 이 경우 뜻하지 않은 공격을 받게 되며 치명적인 이미지 손실을 가져오게 된다.

** 대한항공 회항사건 (일명 '땅콩회항사건')
미국 존 F. 케네디 국제공항을 출발하여 인천국제공항으로 향하던 대한항공 여객기 내에서, 대한항공 조현아 당시 부사장이 객실승무원의 마카다미아[6] 제공 서비스를 문제삼아 항공기를 램프 유턴 시킨 뒤 사무장을 강제로 내리게 할 것을 요구하고, 기장이 이에 따름으로써 항공편이 지연된 사건이 발생했다. 이 사건은 오프라인 매체를 통해 간단히 보도 되었으나 SNS를 통해 큰 반향을 불러일으키며 많은 사람들의 공분을 사게 되었다.

사건 발생 직후, 대한항공 측은 조 부사장을 감싸는 행동을 하여 온라인을 통한 분노를 유발했고 이후 대한항공은 이미지에 큰 타격을 받게 되었다.

상대에 맞게 대화하라

블로그, 페이스북, 트위터등 SNS 매체 사용자 중에는 영향력을 가진 파워블로거 또는 트위터리안들이 있다. 이들과 긍정적 소통을 하지 않고 매사에 대결 구도로 진행 한다면 이들을 따르는 온라인 추종자들에게 큰 영향을 끼치게 되어 선거에 영향을 받을 수도 있다. 대결 보다는 포용하는 자세를 취하는 것이 바람직하다. 그들을 인정하며 최신 정보 등을 꾸준히 제공하면 그들은 내 편이 되어 SNS에 글을 올릴 수도 있게 된다.

선거에 결정적으로 작용하는 SNS

각종 선거에 있어서 SNS는 이제 필수적인 도구가 되었다. 그

---

6) 견과류의 일종, 이 사건 이후로 언론의 대대적인 보도와 사람들의 관심을 통해 유명해져 가격과 국내수입량이 급증하였다.

런데 정말 중요한 것은 어떻게 자신의 SNS를 관리하고 유지를 하느냐이다. SNS에서 위기대응을 제대로 하지 못해 서울시 교육감 후보로 출마해 낙선하였던 고승덕 변호사의 사례를 짚어보자.

고승덕 변호사는 대학 재학 중 사법고시, 행정고시와 외무고시를 모두 합격한 것으로 유명하며 제18대 국회의원 (서울시 서초구 '을' / 한나라당)을 역임했다. 그는 방송을 통해 청소년과 학부모 등을 대상으로 꿈과 노력을 주제로 강연을 하여 대중의 인지를 받게 되었다. 한편 주식의 전문가로도 널리 알려지더니 2014년에는 서울시 교육감으로 출마하였으나, 미국에 거주하는 딸 고캔디가 '아버지는 교육감의 자격이 없다'는 요지의 글을 인터넷에 올리며 과거 이혼 후의 행적에 대해 큰 논란이 일었고, 결국 교육감 당선에 실패했다.

'열 번 성공보다 한 번 실수가 더 큰 위험'이 되는 선거에서 위의 사례를 통해, 위기관리와 위기대응을 적극적으로 하지 못하였을 경우에 얼마나 큰 부메랑(지지율하락)이 되어 돌아오는지 알 수 있다.

부록

부록 – 서울시장 후보들의 블로그 분석

2014년 6월 4일 치러진 지방선거의 빅 이슈였던 서울시장 후보출마자 '정몽준' 후보와 '박원순' 후보의 블로그 분석을 부록으로 실었다.

아래 내용은 선거가 막바지에 이르렀던 2014년 3월 8일, 양성길 공저자의 블로그에 직접 작성했던 글을 발췌한 것이다.[31]

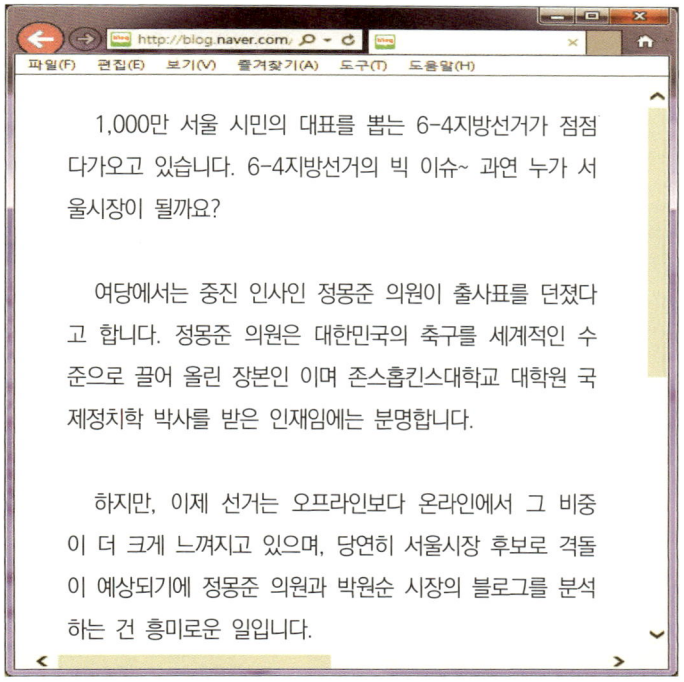

1,000만 서울 시민의 대표를 뽑는 6-4지방선거가 점점 다가오고 있습니다. 6-4지방선거의 빅 이슈~ 과연 누가 서울시장이 될까요?

여당에서는 중진 인사인 정몽준 의원이 출사표를 던졌다고 합니다. 정몽준 의원은 대한민국의 축구를 세계적인 수준으로 끌어 올린 장본인 이며 존스홉킨스대학교 대학원 국제정치학 박사를 받은 인재임에는 분명합니다.

하지만, 이제 선거는 오프라인보다 온라인에서 그 비중이 더 크게 느껴지고 있으며, 당연히 서울시장 후보로 격돌이 예상되기에 정몽준 의원과 박원순 시장의 블로그를 분석하는 건 흥미로운 일입니다.

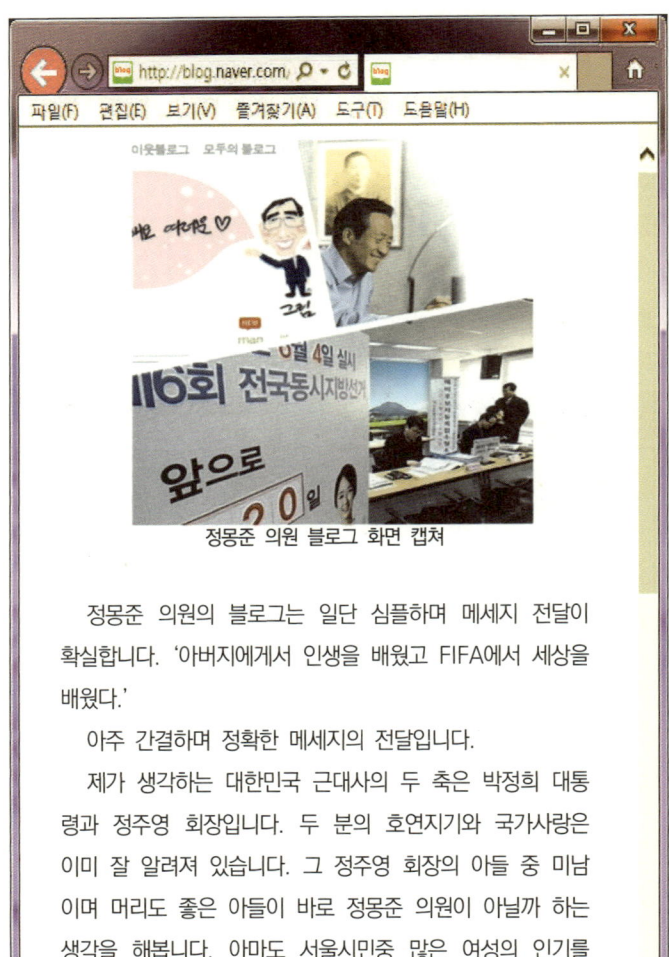

정몽준 의원 블로그 화면 캡쳐

　　정몽준 의원의 블로그는 일단 심플하며 메세지 전달이 확실합니다. '아버지에게서 인생을 배웠고 FIFA에서 세상을 배웠다.'

　　아주 간결하며 정확한 메세지의 전달입니다.

　　제가 생각하는 대한민국 근대사의 두 축은 박정희 대통령과 정주영 회장입니다. 두 분의 호연지기와 국가사랑은 이미 잘 알려져 있습니다. 그 정주영 회장의 아들 중 미남이며 머리도 좋은 아들이 바로 정몽준 의원이 아닐까 하는 생각을 해봅니다. 아마도 서울시민중 많은 여성의 인기를 독차지할 것으로 판단합니다.

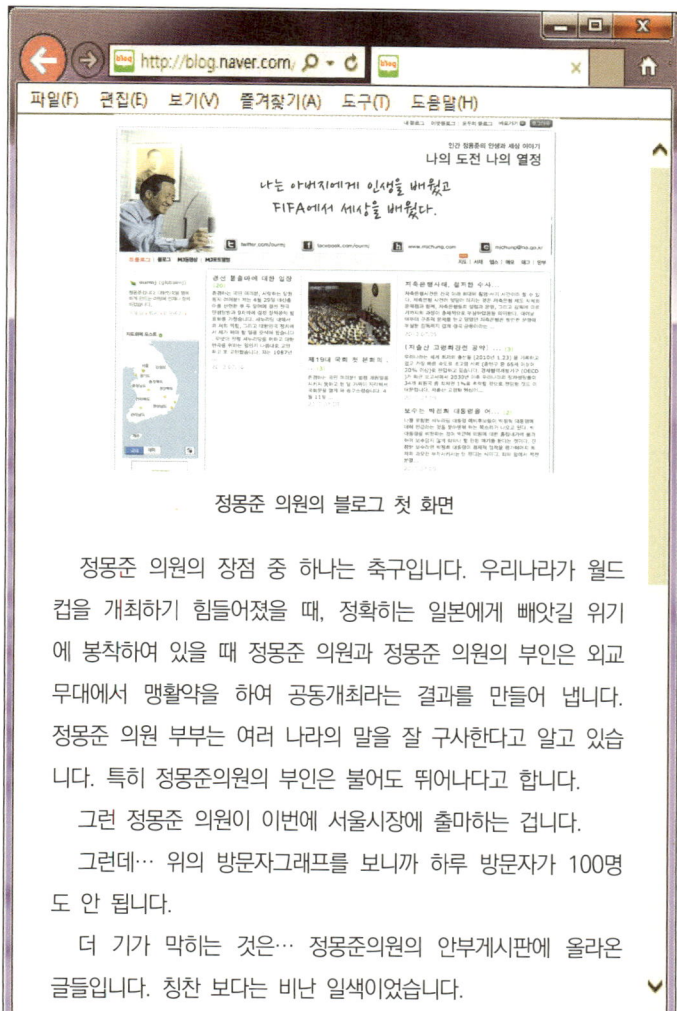

정몽준 의원의 블로그 첫 화면

　정몽준 의원의 장점 중 하나는 축구입니다. 우리나라가 월드컵을 개최하기 힘들어졌을 때, 정확히는 일본에게 빼앗길 위기에 봉착하여 있을 때 정몽준 의원과 정몽준 의원의 부인은 외교무대에서 맹활약을 하여 공동개최라는 결과를 만들어 냅니다. 정몽준 의원 부부는 여러 나라의 말을 잘 구사한다고 알고 있습니다. 특히 정몽준의원의 부인은 불어도 뛰어나다고 합니다.

　그런 정몽준 의원이 이번에 서울시장에 출마하는 겁니다.

　그런데… 위의 방문자그래프를 보니까 하루 방문자가 100명도 안 됩니다.

　더 기가 막히는 것은… 정몽준의원의 안부게시판에 올라온 글들입니다. 칭찬 보다는 비난 일색이었습니다.

박원순 시장 블로그 화면 캡쳐

역시 박원순 시장의 블로그도 그리 세련되지는 않습니다. 무슨 이유에서인지 방문자 그래프를 안 보이게 설정 해 놨습니다. 당당하게 방문자 그래프를 올리고 양질의 포스팅을 해야 하는데… 오늘 방문자수는 현재까지 달랑 65명.

원순씨네 - 소통이 돈이고, 밥이고, 일자리입니다.

박원순 시장은 소통을 강조하고 있습니다. 소통으로 돈과 밥과 일을 연결하여 설명하고 있습니다. 타이틀도 시장님이 아닌 '원순씨'입니다.

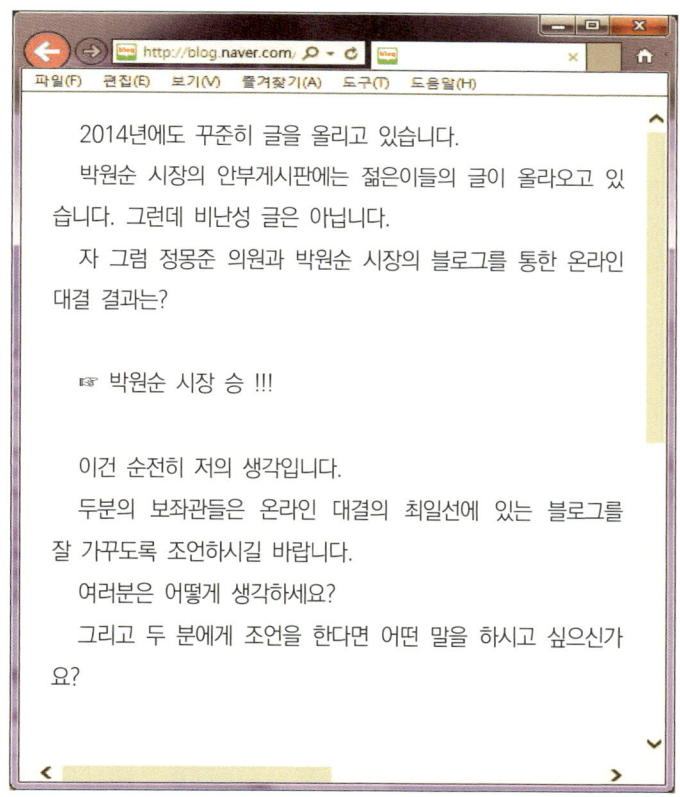

2014년에도 꾸준히 글을 올리고 있습니다.

박원순 시장의 안부게시판에는 젊은이들의 글이 올라오고 있습니다. 그런데 비난성 글은 아닙니다.

자 그럼 정몽준 의원과 박원순 시장의 블로그를 통한 온라인 대결 결과는?

☞ 박원순 시장 승 !!!

이건 순전히 저의 생각입니다.

두분의 보좌관들은 온라인 대결의 최일선에 있는 블로그를 잘 가꾸도록 조언하시길 바랍니다.

여러분은 어떻게 생각하세요?

그리고 두 분에게 조언을 한다면 어떤 말을 하시고 싶으신가요?

위에 예를 든 서울시장 후보의 SNS분석은 시사하는 바가 크다. 온라인 소통의 필요를 느끼는 것과 그렇지 않은 것의 차이도 여전히 존재한다. 그럼 그 이후 두 분의 블로그는 어떻게 변했을까? 과연 SNS소통을 지속적으로 하고 있을까?

그 후, 정몽준 의원의 블로그 (2016년 1월 말 기준)

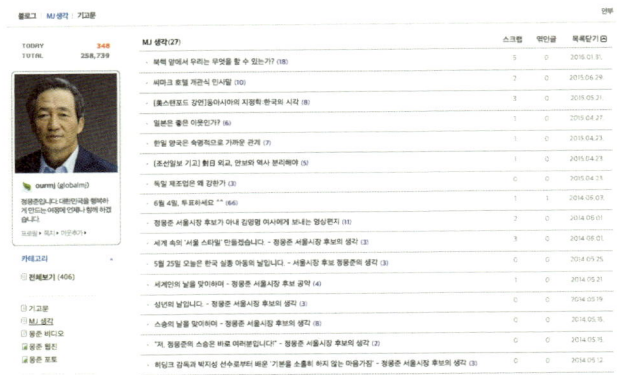

일 방문자수는 저녁 기준, 현재 348명이다.

누적 방문자수는 약 26만명. 그런데, 올해는 딱 하나의 글만 썼을 뿐이다. SNS의 생명은 매일 소통하는 것이다.

매일 글을 써서 자신의 지지자들과 소통하는 것은 SNS선거전략 수립 시 매우 필요한 사항이다.

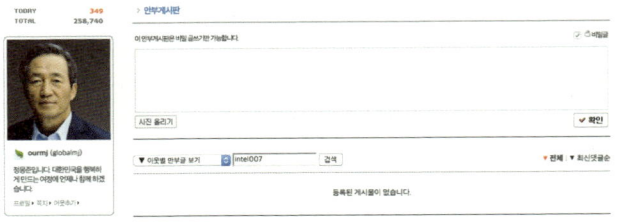

안부게시판은 비밀쓰기만 가능하게 해 놓았다.

다른 사람이 어떤 질문을 하는지 알 수 없는 상황이다.

필자는 안부게시판을 누구나 글을 쓰도록 해 놓을 필요가 있다고 본다. 그 게시판의 글에 반응하며 다양한 대화를 이어 갈 수 있기 때문이다. 만일 음해성 글이나 악성글이라면 걱정하지말고, 삭제하면 된다.

그 후, 박원순 시장의 블로그 (2016년 1월 말 기준)

박원순 시장도 블로그의 방문자 수가 그리 많지는 않다.

같은 시간대 정몽준의원의 349명인데, 박원순 시장은 162명이다. 다른 점은 꾸준히 글을 쓰고 있다는 것이다.

"역사를 잊은 민족은 미래가 없습니다."라는 문구를 블로그의 대문에 써 놓았다. 무언가 암시하는 내용을 담고 있는 글귀로 인식이 된다.

아울러, 박원순시장의 1월27일자 블로그 포스팅은 카드뉴스이다. 간단하게 이미지만으로 자신이 하고 싶은 내용을 전달하고 있다. 카드뉴스는 젊은이들에게 호소하기에 적합한 도구이다. 이런 시도를 통해 젊은 유권자에게 가까이 다가갈 수 있을 것이다.

아쉽게도 박원순 시장의 안부게시판도 비밀덧글만 허용한다.

글쓴이만 볼 수 있는 안부게시판의 닫힌 문을 열고 어느 누구와도 열린 대화를 펼칠 수 있다면, 사람들은 소통을 하고자 노력하는 정치인의 자세에 걱정과 비난보다는 더 많은 신뢰와 지지를 보낼 것이라 생각한다.

참고문헌

[그래프 1]
http://www.channel4.com/news/how-jeremy-corbyn-is-winning-the-social-media-battle
[그림 1]
http://www.beppegrillo.it/en/
[그림 2]
오마이뉴스 2010년 10월 9일자
[그림 3]
http://m.blog.daum.net/pzkpfw3485/2244796
[그림 4]
http://www.koreatimes.com/article/686701
[그래프 8]
http://www.pewresearch.org/fact-tank/2015/05/19/more-americans-are-using-social-media-to-connect-with-politicians/
[그래프 9]
국회입법조사처(2013). 19대 국회의원 인터넷, SNS 이용현황 조사. 33쪽.
[그래프 10]
http://www.usatoday.com/story/news/politics/onpolitics/2015/12/28/trump-complete-domination-facebook-conversation/77967664/
[그래프 12]
머니투데이, 트윗믹스 자료
[그림 6]
http://news.mk.co.kr/newsRead.php?year=2015&no=1013154
[그림 22]
https://www.instagram.com/cristiano/
[그림 24]
https://www.instagram.com/realdonaldtrump/

---

1) 주간조선 2015. 9. 21(2375호) 4쪽에서 발췌
2) http://www.dmcreport.co.kr/syn2015/sus2015005.php
   (2015년 10월 5일부터 16일까지 만 19세 이상 59세 이하의 소셜미디어 이용경험이 있는 인터넷 이용자 780명을 대상으로 진행)
3) Karzen, B. K(2015). #DoINeedSocialMedia: Social Media in Local Political Elections. Brigham Young University.

4) ERPS(2014). Social Media in election campaigning. http://www.erps. ep.parl.union.eu
5) http://www.ohmynews.com/NWS_Web/view/at_pg.aspx?CNTN_CD=A 0001992017
6) http://source.southuniversity.edu/political-campaigns-and-social-med ia-tweeting-their-way-into-office-106986.aspx
7) 국회입법조사처(2013). 19대 국회의원 인터넷, SNS 이용현황 조사. 33쪽
8) http://www.dmcreport.co.kr/syn2015/sus2015005.php
9) 위키백과사전 발췌
10) http://view.asiae.co.kr/news/view.htm?idxno=2015121414301244882
11) http://www.rankwave.com/guide/technology.html
12) 서울신문 2015년 9월 1일자 관련기사 발췌
13) http://www.hani.co.kr/arti/politics/politics_general/706616.html
14) http://www.usatoday.com/story/news/politics/onpolitics/2015/12/28 /trump-complete-domination-facebook-conversation/77967664/
15) http://news.mk.co.kr/newsRead.php?year=2015&no=1013154
16) http://www.ohmynews.com/NWS_Web/view/at_pg.aspx?CNTN_CD= A0001992017
17) http://m.blog.naver.com/pcjinsun/30117909752
18) http://twiplomacy.com/blog/twiplomacy-study-2015/
19) http://www.journalism.org/2012/08/15/how-presidential-candidates- use-web-and-social-media/ : PewResearchCenter
20) http://www.mt.co.kr/view/mtview.php?type=1&no=201110270815021 3212&outlink=1
21) http://contents.newsjel.ly/issue/wonsoonpark/
22) http://www.postview.co.kr/646
23) https://ssl.gstatic.com/think/docs/obama-case-studycase-studies.pdf
24) 조선비즈 2016년 1월 27일자. http://biz.chosun.com/site/data/html_di r/2015/09/24/2015092402588.html
25) http://www.techm.kr/home/bbs/board.php?bo_table=issue&wr_id=690
26) http://www.iagreetosee.com/donald-trumps-instagram-strategy/
27) http://www.cbc.ca/news/politics/canada-election-2015-ad-hawk-so cial-media-analysis-1.3217076
28) http://acase.co.kr/2013/11/05/campaign12/
29) http://blogs.spjnetwork.org/tech/2015/01/15/tamara-keith-social-po litical-journalism/
30) https://www.washingtonpost.com/news/post-politics/wp/2015/01/06 /2016-may-yet-be-the-first-instagram-election/
31) http://intel007.blog.me/50190477176